CB079437

PROPÓSITO EM CADA PASSO

Caro(a) leitor(a),
Queremos saber sua opinião
sobre nossos livros.
Após a leitura, siga-nos no
linkedin.com/company/editora-gente,
no TikTok @**editoragente**
e no Instagram @**editoragente**,
e visite-nos no site
www.editoragente.com.br.
Cadastre-se e contribua com
sugestões, críticas ou elogios.

Jean Valério e Kaká Diniz
ORGANIZADORES

Bia Bazolli • Christiane Klem • Eder Zuca
Fabrício Lemos • Félix Ramos • Jara Nobrega
Jonathan Farias • Luciano Fernandes da Silva Filho
Luiz Alves • Pabllo Royttimans • Ricardo Lemos

PROPÓSITO EM CADA PASSO

Tenha coragem de assumir sua real identidade e construir a vida próspera com que sempre sonhou

Gente
AUTORIDADE

Diretora
Rosely Boschini
Diretora Editorial
Joyce Moysés
Editora
Juliana Fortunato
Assistente Editorial
Camila Gabarrão
Produção Gráfica
Leandro Kulaif
Coordenação Editorial
Luciana Figueiredo
Preparação
Luciana Figueiredo
Capa
Miriam Lerner | Equatorium Design
Projeto Gráfico
Marcia Matos
Gisele Baptista de Oliveira
Diagramação
Gisele Baptista de Oliveira
Revisão
Sol Mendonça | Sol & Cortez Comunicação
Impressão
Bartira

Copyright © 2025 by Jean Valério e Kaká Diniz (orgs.); Bia Bazolli; Christiane Klem; Eder Zuca; Fabrício Lemos; Félix Ramos; Jara Nobrega; Jonathan Farias; Luciano Fernandes da Silva Filho; Luiz Alves; Pabllo Roytimans; Ricardo Lemos
Todos os direitos desta edição são reservados à Editora Gente.
R. Dep. Lacerda Franco, 300 – Pinheiros
São Paulo – SP – 05418-000
Telefone: (11) 3670-2500
Site: www.editoragente.com.br
E-mail: gente@editoragente.com.br

Dados Internacionais de Catalogação na Publicação (CIP)
Angélica Ilacqua CRB-8/7057

Propósito em cada passo : tenha coragem de assumir sua real identidade e construir a vida próspera com que sempre sonhou / organizado por Jean Valério, Kaká Diniz. - São Paulo : Autoridade, 2025.
144 p.

ISBN 978-65-6107-068-3

1. Desenvolvimento pessoal I. Valério, Jean II. Diniz, Kaká

25-3096 CDD 158.1

Índice para catálogo sistemático:
1. Desenvolvimento pessoal

NOTA DA PUBLISHER

É comum pensarmos no propósito como algo grandioso, distante, uma missão escondida que um dia, quem sabe, nos será revelada. E assim, todos os dias, muitas pessoas se sentem quase sufocadas tentando encontrar "o propósito da vida" – como se fosse uma fórmula secreta ou uma única resposta escondida em algum lugar do mundo – para recuperar os sentimentos de realização, pertencimento e satisfação naquilo que fazem.

No entanto, o que acredito e vivo é que o propósito não se revela todo de uma vez. Ele aparece no detalhe, se confirma na persistência e se fortalece nas decisões difíceis. Está presente menos nos discursos e mais na maneira como escolhemos seguir, mesmo quando o caminho não é óbvio. Para mim, propósito não é apenas *aonde* você quer chegar, mas principalmente *como* você caminha. E é justamente essa virada de compreensão sobre o sentido das nossas ações que *Propósito em cada passo* nos entrega.

Ao entrar nestas páginas, você está em mãos muito capazes, que vão guiar você, provocar e fazer enxergar onde de fato está o seu propósito. Este livro é liderado por dois grandes autores e empresários que têm, cada um à própria maneira, apoiado milhares de empreendedores, compartilhando conhecimento para acelerar os resultados de pessoas e negócios em todo o país. Jean Valério é jornalista, empreendedor serial e investidor-anjo. Kaká Diniz é empresário, palestrante, mentor, CEO e fundador da Non Stop.

Jean e Kaká são forças imparáveis que defendem o propósito como fator determinante para o sucesso de líderes e negócios. Juntos, eles reuniram vozes com diferentes perspectivas e que, juntas, se complementam e demonstram com experiência concreta que é possível transformar propósito em resultados nos negócios e na vida. Cada capítulo mostra que é possível ser resiliente, aceitar a realidade dos desafios que aparecem no caminho, encontrar o sentido em uma vida que parecia estar perdida e conseguir resolver os problemas, um a um. Com presença, fé e autenticidade.

Ao passar por estas páginas, você não será apenas leitor, será parte de uma jornada. Vai perceber que, por mais que pareça, não está sozinho nas suas lutas, que há passos práticos a serem dados e, principalmente, que Deus continua presente, mesmo quando tudo parece confuso. Esta leitura é uma pausa para respirar fundo, reorganizar o seu interior e seguir com leveza, clareza e fé. Espero que você aceite esse convite com o coração aberto. O propósito espera você, um passo por vez.

ROSELY BOSCHINI
CEO e Publisher da Editora Gente

SUMÁRIO

INTRODUÇÃO

DE JEAN VALÉRIO

Acredito verdadeiramente que não existe fórmula pronta para a felicidade ou para o sucesso – quanto mais eu vivo, mais tenho certeza disso. O que funciona para mim pode não funcionar para você. E está tudo bem, porque a definição de sucesso é profundamente pessoal. Para alguns, pode ser abrir uma empresa, escalar montanhas e conquistar holofotes. Para outros, poder ser ter uma família, conseguir respirar com calma no fim do dia, estar perto de quem se ama ou manter a mente em paz. Ou pode ser tudo isso junto.

Esta obra coletiva nasce, então, do desejo de explorar um território íntimo e, ao mesmo tempo, universal: o que é viver uma vida que vale a pena? O que é ter sucesso de verdade? O que é se sentir realizado não a partir dos padrões impostos externamente, mas de uma verdade interna, construída com sinceridade, presença e intenção? E mais: como colocar propósito em cada passo que se dá? Como transformar os obstáculos em oportunidades para encontrar um caminho que levará a uma vida significativa?

Esse foi o objetivo, e é isso que você encontrará aqui. Ao reunir diferentes histórias, vivências, experiências, reflexões e aprendizados, não quero dar respostas prontas – afinal, elas não existem –, e sim provocar novas perguntas. A proposta é convidar você a olhar para dentro. A pensar sobre o que realmente importa; a construir sua própria definição de sucesso, com liberdade, consciência e coragem – assim como aconteceu comigo, em minha própria jornada, que deu origem a mais este livro.

Há alguns anos, estou me dedicando à missão de contribuir com empresas e líderes, me doando ao máximo para que esses negócios cresçam. Nesse processo, tive a oportunidade de lançar meu próprio livro, *Acelere na adversidade*, sobre como se posicionar como um agente de mudança na resolução de problemas ao gerar um impacto positivo na vida das pessoas. Ali, fiquei apaixonado pela escrita, pela missão que um livro carrega e, especialmente, pela maneira como a Editora Gente me acolheu e potencializou tudo isso.

Até porque, ao lançar um livro, sua vida muda. Você deixa um legado. Constrói autoridade. O livro ancora sua reputação, sua imagem e sua história. Então, pensei: *Quero que meus mentorados, amigos e participantes de meu ecossistema, tenham essa mesma oportunidade*. E foi nesse momento que levei a ideia aos editores da Gente, que foram incríveis e sugeriram esta coletânea. É um modelo fantástico, em que eu sabia que cada um teria espaço para falar sobre dores e anseios, experiências e vivências, sobre tudo aquilo que poderia contribuir verdadeiramente com sua transformação, leitor.

Em seguida, minha proposta foi que convidássemos o Kaká Diniz, um amigo querido, líder admirável, empresário de resultado e, acima de tudo, um exemplo como pai, marido e ser humano. Ele topou na hora. E aqui estamos, felizes por proporcionar esta oportunidade a tantas vozes que merecem ser ouvidas.

Desse modo, entregamos tudo aquilo com o que podemos contribuir. Não queremos que as pessoas cometam os mesmos erros que cometemos. Queremos que elas evitem prejuízos, que tenham uma jornada empreendedora mais leve, mais consciente e eficiente. Por isso, cada coautor trouxe *verdade, cicatrizes* e *aprendizados*. Cada autor contribuiu com o que tem de melhor. E isso tem um poder transformador.

Acredito que os leitores vão encontrar aqui atalhos. Não no sentido de pular etapas, mas de ganhar clareza, evitar dores desnecessárias e enxergar o que antes parecia nebuloso, sem foco. Atalhos para iluminar possibilidades que estavam invisíveis. Cada texto desta obra carrega a experiência de quem já viveu, errou e tentou por diversos caminhos. Isso tem um valor imenso: perceber que não estamos sozinhos na jornada. Que, mesmo com histórias diferentes, há pontos de encontro: nas dúvidas, nas buscas, nas quedas e nos recomeços.

Ao ler estas páginas, desejo que você perceba que é possível, sim, errar menos. Que algumas lições podem ser aprendidas antes da dor. Que existem formas mais inteligentes, conscientes e humanas de seguir em frente. Que dá para acelerar em certas curvas, sem se perder de si mesmo. Que dá para acelerar na adversidade, assim como expliquei em meu primeiro livro. Mas, acima de tudo, espero que você sinta que viver com mais propósito não é uma promessa vazia, é um processo possível.

Esta é, portanto, uma coletânea de caminhos reais, de histórias vividas, de estratégias que funcionam para a vida como ela realmente é, não como um palco. Todo esse conteúdo foi escrito com coração e responsabilidade. Leia enquanto olha para si mesmo. Enxergue-se nos relatos, nas superações, e faça adaptações para sua realidade. Tenha coragem para fazer as mudanças.

No fim, o que realmente importa é o legado. Então, pergunto: o que você está deixando nesta vida? O que as pessoas vão falar de você quando tudo isso acabar? Pense nisso, porque este livro indica que você precisa, sim, construir algo que valha a pena ser lembrado. E você terá o caminho para isso com o que encontrará a partir de agora.

Ótima leitura!

JEAN VALÉRIO

INTRODUÇÃO

DE KAKÁ DINIZ

Direção. Uma palavra pouco valorizada, muito subestimada e tão importante. Ainda assim, é exatamente o que falta para tanta gente. As pessoas estão sedentas por direção, ávidas pela possibilidade de um novo caminho e um direcionamento, desejando uma ajuda sincera para delinear melhor o próprio propósito e construir uma relação de paz consigo mesmas e com a jornada que estão trilhando.

Quando recebi o convite para ser um dos organizadores desta obra, ao lado do meu amigo Jean Valério, fiquei tão honrado! Eu sabia que aqui o leitor encontraria um chamado, um caminho rumo à paz interior e à prosperidade, porque cada palavra contida nas linhas, nos parágrafos e nos capítulos é fruto de vivências riquíssimas.

Acredito, verdadeiramente, que uma obra coletiva, recheada de histórias e das mais valiosas experiências dos autores, é como um mapa que ajuda a direcionar o caminho. Mas não aqueles mapas lotados de atalhos ou ruas sem saída. Nada disso. Um mapa com verdades profundas, com conteúdo poderoso para quem busca realizar grandes conquistas.

Portanto, a minha expectativa aqui é que você não apenas leia, mas também se conecte com cada ensinamento que terá e tire lições valiosas para a sua vida pessoal, familiar, profissional. O meu convite é para que olhe para você mesmo, internalize as sugestões e reflita sobre as mudanças que precisa fazer.

Você já parou para pensar no que deixou de viver... por falta de coragem? Espero que drible o medo e decida aplicar muito do que será mostrado, explicado, exemplificado nas próximas páginas. Prepare-se para encontrar algo muito diferente das fórmulas prontas que vemos por aí, com chaves de transformação que prometem abrir portas jamais vistas.

Não pare diante dos desafios e percalços da vida. Mudar a maneira como você vê o processo faz com que tudo mais entre em movimento e se transforme. O melhor vem depois, colhendo o propósito de estar fazendo coisas maravilhosas por você e para outras pessoas, especialmente as que você ama.

Tenho plena convicção de que Deus jamais o abandonará na dor. Na verdade, Ele o preparará nela. Então, passe pelo processo, aprenda e vença.

Boa leitura!

KAKÁ DINIZ

EXPANDIR A MENTALIDADE É
SAIR DO PILOTO AUTOMÁTICO,
QUESTIONAR CRENÇAS
ANTIGAS, PARAR DE ACEITAR
UMA VIDA LIMITADA COMO
SE FOSSE O SEU DESTINO.

JEAN VALÉRIO
PROPÓSITO EM CADA PASSO

1

A liberdade de saber quem somos e a quem pertencemos

Empresária, pastora, escritora e palestrante. Atua com foco em liderança, identidade e propósito. Tem como missão guiar pessoas até uma vida significativa, conectando fé, trabalho e essência, com leveza e profundidade.

@chrisklem

©Gioh Estúdio

CHRISTIANE KLEM

Fortes demais, por tempo demais. Essa é a verdade.

Hoje, vivemos uma sobrecarga de responsabilidades, o que nos incapacita de descansar verdadeiramente, além de gerar uma desconexão interior e espiritual e uma solidão emocional devastadora. Tentamos dar conta de tudo ao mesmo tempo: trabalho, família, liderança, relacionamentos, achando que precisamos estar sempre fortes e disponíveis. Mesmo nos momentos de pausa, não conseguimos relaxar. A mente continua acelerada; o corpo, cansado; e o coração, inquieto.

Nós nos afastamos de nós mesmos e, muitas vezes, de Deus, o nosso Criador. É o famoso "modo automático", pois estamos vivendo o vazio de uma vida ocupada demais. Isolados, mesmo cercados de pessoas, correndo desenfreadamente, mas sem direção. As atividades são realizadas, porém a produtividade já não nos preenche mais.

Existe um peso silencioso que muitos carregam: a dor de precisar ser forte o tempo todo e não saber mais como descansar, se reconectar ao propósito e encontrar leveza na vida. No trabalho, deixamos de ser bons líderes, que influenciam pelo exemplo, e nos tornamos apenas chefes. Em família, vivemos como se estivéssemos em um hotel, dormindo, acordando, fazendo as refeições e repetindo todos os dias esse ciclo. Estamos presentes de corpo, mas com a alma distante e o espírito abatido.

De repente, o filho começa a andar, mas não sabemos exatamente quando isso aconteceu. Depois, a filha está estudando para entrar na faculdade, mas não sabemos o curso, a cor favorita, a comida predileta, se gosta da praia ou da montanha. Mesmo diante de tudo isso, não podemos desmoronar: quem manterá tudo em pé ao nosso redor?

Tentar ser forte o tempo todo não é sustentável. Quanto mais se tenta manter o controle, maior é a desconexão consigo e com Deus. Precisamos buscar força na fonte da vida, mas, em vez disso, corremos atrás de coisas passageiras que tomam o tempo e corroem a alma. É um ciclo invisível de desgaste, no qual estamos apenas sobrevivendo, e não desfrutamos de tudo aquilo que é bom e faz parte da jornada.

Adiar a solução significa continuar se perdendo aos poucos – perdendo a alegria, as pessoas amadas, a clareza de um propósito maior e o brilho no olhar. A alma está pedindo socorro, sussurrando em forma de esgotamento físico, ansiedade, insônia, irritabilidade e isolamento.

Sabemos que não dá para continuar assim, mas, ao mesmo tempo, não sabemos como mudar. Se não interrompermos esse ciclo agora, adoeceremos ou desistiremos de quem fomos criados para ser. Falta paz, sentido, leveza, tempo e espaço para ser quem verdadeiramente somos. Falta conexão com Deus, com as pessoas e com nós mesmos. Falta vida. Falta tudo.

Essa rotina que criamos provoca sentimentos que nos prendem e nos limitam dia após dia: o cansaço, uma ansiedade disfarçada de produtividade que se revela na mente que não para, a sensação de que algo importante está escapando, mas que não podemos descansar, pois achamos que é egoísmo demais priorizar a própria vida em meio a tantas demandas. Essa confusão nos impede de identificar o que fazemos por um propósito ou simplesmente por obrigação.

Estamos extremamente críticos conosco e com os outros, nos comparando o tempo todo e desconectados da nossa verdadeira essência. Estamos esgotados, com os relacionamentos enfraquecidos, à beira de um burnout ou de uma depressão, e buscando compensações que não trazem a paz e a realização de que realmente precisamos.

Infelizmente, muitas pessoas acreditam que precisam ser fortes para merecer amor, respeito ou valor. Crescemos ouvindo que ser vulnerável é sinal de fraqueza, então passamos a vida escondendo as nossas dores. Além disso, na maioria das vezes, chegamos despreparados emocional e espiritualmente para enfrentar as dificuldades da vida adulta. Sem um alicerce profundo, as circunstâncias nos atropelam e damos mais importância ao que fazemos do que a quem somos.

Como líder e conselheira, já acompanhei de perto o sofrimento de pessoas que, por fora, pareciam muito bem-sucedidas, mas, por dentro, estavam destruídas. Muitas vezes, tudo de que elas precisavam era alguém que as fizesse parar, respirar e lembrar quem são e a quem pertencem. Existe um excesso de ruído na nossa vida. Mesmo sabendo que algo não está bom, falta clareza, direção e coragem para enfrentar o que está diante dos nossos olhos. Precisamos buscar um caminho de volta.

Onde erramos? Onde nos perdemos? É hora de voltar.

Saiba que, se você está nessa exaustão, isso não é um sinal de fraqueza, é um grito da alma, um chamado ao reencontro com a sua identidade, com o seu propósito e com a fonte da vida abundante e do descanso verdadeiro. Existe um caminho de volta, um convite à leveza, sem fórmulas mágicas de "X passos para...", mas com profundidade espiritual e mergulho na sua identidade. A verdadeira força nasce quando nos permitimos parar, silenciar e reencontrar em Deus quem realmente somos. É nesse lugar de identidade e conexão que começam a leveza, a clareza e uma transformação genuína.

Tenho percebido que estamos tentando viver sem cuidar da nossa essência. Muita gente se sobrecarrega não porque carrega muito, mas porque carrega o que não é seu. Porque esqueceu quem é. E quando a identidade se desfaz, tudo pesa! Talvez você esteja sentindo esse peso. Não o ignore! É sinal de que é hora de buscar com sinceridade quem você é além dos papéis e das pressões impostas pela sociedade. Volte, escute a voz de Deus, pois Ele sussurra em meio aos ruídos. Reencontre-se com Ele, com a verdade e com o propósito d'Ele. Viva a partir da sua real identidade, e não da exaustão que você tem criado para si.

Quando voltarmos ao lugar da presença de Deus, tudo começará a fazer sentido. A clareza virá não porque teremos todas as respostas, e sim porque pararemos de caminhar longe da fonte. Você foi criado de modo especial e admirável para um propósito específico que só pode ser revelado por quem o criou.

Sei que parar, escutar e dar nome ao que está pesando pode parecer estranho. A vida acelerada e a tentativa de corresponder às expectativas das pessoas são obstáculos que muitas vezes nos impedem de parar e ouvir, porém precisamos reconhecer que a pausa não é uma fraqueza, é um passo de coragem para recuperar a consciência de nós mesmos e ouvir a voz de Deus.

Então reserve um momento no seu dia, pode começar com cinco minutos. Silencie o celular, feche os olhos, respire fundo. Se desconecte de todos os ruídos e se pergunte, com coragem: "O que estou sentindo? O que está me sobrecarregando? Que parte de mim tenho deixado de lado?

O que estou tentando sustentar que não vem de Deus?". É no silêncio que começamos a perceber o que está desalinhado. E só mudamos o que percebemos. Anote, ore sobre isso. Derrame o que você sente na presença de Deus. O simples ato de reconhecer e nomear já é um passo para a cura.

Outro ponto importante: reconecte-se com a verdade de quem você é e de onde vem a sua força. Nenhum de nós precisa dar conta de tudo para ser aceito, amado ou reconhecido. Precisamos redescobrir uma identidade que não está baseada no desempenho, e sim na verdade espiritual de que temos valor por quem somos; e que nossa força vem da Presença de Deus, e não da pressão da vida.

Escolha diariamente a verdade bíblica de que você é amado, valioso e chamado por Deus para algo específico, porque há um propósito sobre a sua vida, e ele só depende de uma conexão. Por isso, lembre-se e repita para si mesmo: "A minha força está em Deus, e a minha identidade está firmada n'Ele. Eu posso descansar nos braços do Pai". Escreva, repita e creia nisso.

Busque o relacionamento genuíno com Deus por meio da oração e da leitura da Bíblia, porque ela é a história de amor de um Pai pelos filhos. Voltar-se para Deus é voltar-se para si mesmo. Escutar e se reconectar com essa verdade inicia uma transformação silenciosa e profunda. A transformação que você procura começa do lado de dentro, onde a alma se encontra com o Criador. A partir daí, tudo pode ser refeito, inclusive você. Não por "mágica", mas por verdade, presença e propósito.

Uma orientação, portanto, para começar essa jornada de conexão e transformação genuína é montar um plano de leitura bíblica e um devocional diário. Existem várias opções físicas e digitais, como o aplicativo YouVersion, oferecido gratuitamente pela LifeChurch.tv e disponível para Android, iOS e outros sistemas. Você pode acessar o site www.bibliaonline.com.br, onde há inúmeras versões para ler e acompanhar. Além disso, sugiro que procure um mentor, alguém experiente que acompanhe você e auxilie essa jornada. Não ande sozinho.

Com tudo isso, você estará mais preparado para caminhar em direção a Deus e à sua verdadeira identidade. Hoje, sei o quanto precisei disso. Durante muitos anos, vivi com a necessidade de ser útil, com uma cobrança inalcançável pela perfeição e em um ciclo de frustrações por não alcançar o perfeccionismo que almejava. Perfeccionismo não é uma qualidade, é uma máscara para disfarçar feridas na alma de alguém que não sabe ao certo quem é e por isso precisa de aprovação constante para enxergar valor em si mesmo.

Se você já passou por uma experiência de rejeição, sabe bem do que estou falando. A rejeição dá muitos frutos, e todos são amargos até que você aprenda a lidar com eles, reconhecê-los e colocar as suas emoções e fragilidades aos pés do Senhor. Existem certezas que só encontramos n'Ele, por meio da fé. Existem curas que só vêm quando nos convencemos de que jamais seremos bons o bastante, e que a paz, a vida abundante e o sucesso não têm nada a ver com ser bom, rico, útil ou poderoso, e sim com viver o que fomos criados para ser, deixando que o amor de Deus cure as nossas feridas mais profundas.

Existem feridas na alma que estão escondidas embaixo de uma capa de superioridade, força excessiva ou confiança exagerada. Todo excesso esconde uma falta. Essa é uma frase mais real do que eu gostaria que fosse! Precisei conhecer a Deus como o Pai que ama incondicionalmente e me reconhecer como alvo desse amor para aprender a lidar com a minha história de rejeição.

Todos temos uma história que produz frutos, que molda o nosso comportamento e, muitas vezes, nos faz perder o rumo. Qual é a sua?

Não podemos mudar a nossa história passada, mas podemos aprender com ela e construir um futuro diferente. Podemos e precisamos ter coragem para encarar as nossas frustrações, as nossas feridas, e remover as máscaras e capas que as escondem ou protegem. Uma vida ocupada demais esconde muita coisa. O que não é reconhecido não pode ser curado. Continuar vivendo no modo automático, achando que "no andar da carroça, as abóboras se ajeitam", como diz o ditado popular, pode produzir muitos danos desnecessários na "carroça". E talvez algumas "abóboras" fiquem pelo caminho. A sua vida não é uma carroça, e tudo o que a compõe também não são abóboras.

Então, pare agora e avalie a estrada: você está mesmo no caminho certo? Se continuar indo como está, vai chegar ao lugar que realmente deseja, que lhe dará paz e satisfação verdadeira? Se não tiver essa certeza, pare aí mesmo. Busque a direção divina. Reavaliar a rota não é atraso, é direção. Andar na direção errada é perda de tempo e de vida.

Se for necessário, volte! Retome o caminho correto. Ninguém alcança o sucesso longe do propósito de Deus. Prefiro ficar com o que está na Palavra, em Jeremias 29:11: "'Porque sou eu que conheço os planos que tenho para vocês', diz o Senhor, 'planos de fazê-los prosperar e não de lhes causar dano, planos de dar-lhes esperança e um futuro'".

Faça uma pausa. Dê nome ao que está pesando, alivie as cargas. Reconecte-se com Deus e com você mesmo. Entenda as suas dores, mas não permita que elas moldem a sua vida e deem a direção.

Em Deus, podemos ser vulneráveis e descansar, não precisamos dar conta de tudo e não temos necessidade de aprovação para encontrar o nosso valor, pois o nosso valor está em viver com Ele e sermos chamados de filhos amados. Saber que temos um propósito e cumpri-lo é o que nos dá alegria, paz e satisfação.

Não precisamos ser fortes o tempo todo, precisamos nos render e confiar no Deus que é forte e suficiente para nos fazer enxergar valor nas coisas que o dinheiro, a influência e a posição não são capazes de nos dar: uma família saudável, paz, integridade, verdade e generosidade em servir às pessoas com o que temos nas mãos, hoje.

Se este conteúdo ajudou você, deixe-me saber! Entre em contato comigo através das redes sociais. E que Deus o abençoe.

2

Uma jornada de volta para si

Filha de Maria Cecília e João Pontes, os melhores pais; esposa de Fabrício, marido dedicado e provedor; e mãe de Davi, Pedro e Maria Flor, crianças que a surpreendem e inspiram sempre. Formou-se em Ciências Contábeis, como o pai. Atuou por vinte anos em uma grande empresa de telecomunicações, onde conquistou uma posição executiva que lhe dava orgulho, mas não felicidade. A pandemia de covid-19 trouxe a força necessária para começar algo novo. Criou uma empresa de decoração de festas e, três anos depois, inaugurou um espaço próprio para eventos corporativos, casamentos e festas de debutantes, o VIVVA: Viver Intensamente as Várias Versões do Amor. Hoje, se sente realizada.

@biabazolli @vivva_eventos

©Vision Ensaios

BIA BAZOLLI

Nós, mulheres, vivemos um conflito de papéis na sociedade. Mulher, mãe, esposa, profissional, amiga e muito mais. Como acredito que a minha história pode tocar o seu coração, decidi contar o que vivo para que você possa entender essa questão.

Em primeiro lugar, posso dizer que, em meio à correria do trabalho, dos desafios diários e das responsabilidades, sou uma mulher como tantas outras. Ou seja, mesmo dando o meu melhor, carrego dentro de mim um conflito silencioso: o de equilibrar, com sabedoria, a minha missão familiar, a minha missão profissional e a minha missão social.

Trata-se de uma confusão emocional bastante profunda. Muitas vezes, sinto a culpa de não estar tão presente quanto gostaria, a cobrança interna de ser excelente em tudo, o medo de falhar com os filhos, com a equipe, com o marido, com os amigos e até comigo mesma.

Esse conflito traz, constantemente, a sensação de estar em dívida com algum aspecto da vida. No trabalho, a impressão que tenho é de que poderia entregar mais. Em casa, há o desejo de estar mais presente, mais atenta aos meus filhos. No casamento, a vontade de ser mais paciente, mais afetuosa. Comigo mesma, a percepção de que abandonei os meus sonhos por tempo demais, de que deixei a minha essência e o meu cuidado pessoal de lado em várias ocasiões. São sentimentos que geram culpa, cansaço emocional, uma sensação de solidão e inúmeras dúvidas.

Por trás disso tudo, existe um desejo imenso de ser vista, compreendida e valorizada – não apenas pelo que faço, mas também por quem eu sou. E é aqui que mora a necessidade de entender esse conflito e as consequências dele. Funciona como uma dança constante em que, por mais que tentemos, parece que sempre estamos pisando fora do ritmo em algum passo. Ainda assim, seguimos dançando.

Quando ignorada, essa situação pode gerar ansiedade, depressão, esgotamento mental e até doenças físicas. A mulher que tenta dar conta de tudo sem apoio emocional e sem espaço para si mesma vive no limite. E, em algum momento, esse limite é rompido. É como manter uma casa linda por fora enquanto a fundação está rachando por dentro. Olhando do lado de fora, a pintura e a estrutura estão perfeitas; do lado de dentro, existe um processo de destruição em andamento.

O grande desafio é parar de adiar o autocuidado, porque os dias não param de passar. Os filhos crescem, os sonhos ficam para trás e a relação consigo mesma vai se perdendo. Quando se dá conta, você já renunciou a tanto, que fica difícil até lembrar de quem se era antes de todas as obrigações. Conheço inúmeras mulheres que passam por isso acreditando que estão sozinhas. E o silêncio apenas alimenta a culpa, pois, quando não há espaço para conversar sobre esses sentimentos, o sofrimento se torna algo solitário, escondido atrás de um sorriso funcional.

Reconhecer esse conflito é o primeiro passo para quebrar ciclos, ressignificar prioridades, pedir ajuda e se acolher. Quando esse processo começa, abre-se a possibilidade de uma vida mais autêntica e mais leve. E isso beneficia não apenas a mulher, mas toda a rede dela: filhos, companheiros, amigos e colegas de trabalho. Até porque resolver esse conflito é reconhecer o próprio valor, a própria essência, a própria história. É voltar a ser *protagonista* da própria vida.

Então pare e reflita: você já sentiu que estava fazendo tudo e, ao mesmo tempo, teve a sensação de que não estava fazendo nada direito? Já se pegou sorrindo por fora, mas com o peito apertado por dentro, se perguntando até quando vai aguentar? Já chorou sozinha no banheiro, no carro ou enquanto todos dormiam, só para não preocupar ninguém? Se sim, saiba que eu entendo.

Sei o que é sentir culpa por não estar presente o suficiente. O medo de decepcionar quem amamos. O cansaço que não passa com uma noite de sono. A vontade de chorar sem saber exatamente por quê. A saudade de si mesma, da mulher que sonhava, da leveza que um dia teve. E, com tudo isso, o silêncio, porque pensamos: *Ninguém entenderia, não é tão grave assim.*

E se não precisasse ser assim? E se pudéssemos parar de tentar "dar conta de tudo" e começássemos a nos escutar? E se, pela primeira vez em muito tempo, nos colocássemos como prioridade? Não por egoísmo, mas por amor-próprio.

Deus não a criou para dar conta de tudo. Ele a criou para depender d'Ele, andar com Ele, viver em paz, mesmo em meio às lutas.

Vivemos em um tempo em que parecer bem vale mais do que estar bem. Você sente isso também? Se quiser entender esse ponto, basta olhar ao redor: redes sociais, produtividade tóxica, comparações constantes... tudo isso empurra as pessoas para um ideal inalcançável.

Com o tempo, construímos crenças limitantes, frases que vão se enraizando dentro de nós, como "se eu não fizer, ninguém vai fazer", "ser forte é não precisar de ajuda" e "é egoísmo pensar em mim". Vamos nos acostumando com o peso, com a exaustão e com a dor emocional. Passamos a achar que é assim mesmo, que todas as pessoas vivem assim.

Muitas vezes, nem temos uma rede segura para falar sobre isso, sobre essa dor, esse cansaço emocional que estamos sentindo. Quando finalmente conseguimos falar com alguém e abrimos o coração, ouvimos frases como: "ah, é só uma fase" ou "você reclama demais". Então, nos calamos de novo.

Isso vai gerando desconexão: com Deus e com a nossa própria essência. Quando uma pessoa se afasta da espiritualidade, tenta sustentar a vida na força do próprio braço. E isso esgota. Porque, sem Deus no centro, tudo vira peso. Com Ele, até o caos ganha sentido.

Sei que você deve estar se perguntando: "O que fazer, então?". Para começar, diria que a solução começa quando você para de tentar ser tudo para todos e decide ser inteira em Deus, acolhendo quem você é, e não apenas o que faz.

A jornada de descoberta e de melhora se inicia quando paramos de negar e reconhecemos que estamos exaustas. Sem julgamentos. Sem a pressão de ter todas as respostas. Quando nomeamos o conflito, ganhamos clareza sobre o que está por trás da culpa, da dor e do vazio. É necessário, então, redefinir o próprio propósito: o que realmente importa para Deus e para você? Pense nisso.

A partir daí, a jornada segue para uma vida mais plena, guiada pela fé, pela escuta do Espírito Santo e pela liberdade de ser quem Deus nos criou para ser. Isso é a fé viva. É a leveza. É a presença real em cada papel que decidirmos ocupar.

Não se trata de fazer mais, mas de ser mais inteira. Em Deus, por Deus e com Deus. Por isso, prepare-se para colocar em prática os passos a seguir.

Nomear

Muitas vezes, a sobrecarga, a culpa e a sensação de estar falhando vêm de dores não nomeadas, de padrões repetidos ou de crenças enraizadas que nunca foram questionadas. O que fazer, então? Nomear o que dói. Reserve dez minutos por dia para escrever ou orar respondendo a perguntas como:

1. O que está mais pesado na minha vida hoje?
2. Onde estou tentando agradar a todos, menos a Deus?
3. O que estou tentando sustentar sozinha?

Sabe por que isso funciona? Nomear o que dói tira a dor do invisível. A escrita ou a oração honesta trazem à tona o que está escondido, trazem clareza emocional e espiritual, que é o primeiro passo para qualquer mudança.

Aplicar

Como aplicar? Faça isso em um caderno só seu ou em oração silenciosa com Deus. Você pode começar a oração dizendo: "Senhor, mostre-me onde estou me perdendo de mim mesma. Me ajude a enxergar com Seus olhos".

Reorganizar

Depois, é preciso reorganizar as prioridades com Deus. É hora de entregar, redefinir e alinhar a sua vida ao que realmente importa, aquilo que vem de Deus.

Assim, faça uma lista com três colunas:

1. O que posso deixar (tarefas, cobranças, perfeccionismo).
2. Do que preciso cuidar melhor (espiritualidade, saúde, sonhos).
3. No que quero colocar Deus no centro (relacionamentos, decisões, tempo).

Ore sobre essas áreas. Pergunte: "Senhor, o que quer que eu solte? Onde o Senhor quer que eu esteja mais presente? O que o Senhor quer restaurar em mim?".

Isso funciona porque vai alinhar a sua rotina ao que tem significado real. Vai ensinar a dizer "não" com fé e a viver com mais leveza e propósito, além de tirar a vida do automático e devolver a direção a Deus.

Toda manhã ou à noite, antes de dormir, olhe para essa lista. Escolha uma coisa para fazer diferente, dizer "não" para um compromisso que suga a sua energia, escolher dormir mais cedo, ler a Bíblia, caminhar em silêncio, tomar um café com você mesma.

É nesses pequenos gestos que grandes libertações começam.

Leia

Faço aqui um convite ao seu coração: volte à Bíblia como quem volta para casa. A Bíblia não é um livro qualquer, é uma carta de amor escrita por Deus, com respostas para perguntas que você ainda nem sabe fazer.

Não leia por obrigação. Leia como quem escuta a voz de alguém que ama profundamente você. Leia com o coração aberto, mesmo que não entenda tudo. Leia quando estiver perdida, quando estiver feliz, quando não sentir nada. A Palavra não depende da sua emoção, ela é viva por si só.

Cada vez que abre a Bíblia, você se aproxima d'Aquele que conhece a sua alma como ninguém. Ele quer falar com você. Quer lembrar quem você é. Quer dar direção, descanso, consolo e coragem.

Então, não espere "ter tempo". Faça desse tempo um momento santo, só entre você e Ele. Mesmo que por cinco minutos em um dia. Mesmo que só por um versículo. Uma única palavra de Deus pode mudar completamente o seu caminho.

Volte para a Bíblia como quem volta para casa. E deixe Deus encontrar você ali.

Comecei contando a minha história e agora quero ir com maior profundidade em alguns pontos da minha jornada. Os meus momentos mais difíceis começaram quando a minha mãe faleceu, em 2019. Foi terrível ficar sem ela. Perdi o chão. Para quem eu correria? No ombro de quem eu choraria? Eu me peguei telefonando para ela ainda por meses após a partida, porque o meu dia não era o mesmo sem a benção dela. Quatro anos depois, perdi o meu pai, que foi chamado para estar ao lado do Pai. Então me dei conta de que a minha primeira casa estava vazia. Isso doeu dentro de mim.

Enxerguei a mim mesma como mãe de três filhos, dona de um novo negócio que levava sustento para tantas famílias. Em casa, eu era aquela que resolvia tudo. As frases que não saíam da minha cabeça eram: "eu me sinto cansada antes mesmo do dia começar"; "tenho tudo o que pedi a Deus, mas me sinto vazia"; e "parece que só existo no papel de servir. Mas quem sou eu, além disso?".

Estava vivendo o conflito de papéis que comentei no início. A virada veio em uma briga terrível que tive com o meu marido. Senti como se o meu corpo tivesse parado. O coração disparou. Eu me tranquei no banheiro do escritório, ajoelhei e disse, chorando: "Deus, não sei mais quem eu sou. Não aguento mais fingir que estou bem". Foi ali que comecei a descobrir feridas profundas: a crença de que amor se prova com esforço extremo; o medo de decepcionar os outros; a dor de ter me esquecido dos meus próprios sonhos por tanto tempo. Passei a me reorganizar com Deus e cheguei a uma conclusão.

- Posso deixar: o perfeccionismo, a agenda lotada, a culpa por descansar.
- Preciso cuidar melhor: do meu tempo com Deus, da minha saúde e do meu casamento.
- Quero colocar Deus no centro: da pressão por ser perfeita, do medo do julgamento, da ideia de controle.

Perceber isso foi libertador. Assim, fiz algumas pequenas mudanças práticas: reduzi os meus compromissos de trabalho, passei a ouvir louvores ao longo do dia e fazer devocionais pela manhã, parei de pedir a Deus forças para aguentar e comecei a pedir sabedoria para viver com leveza.

Dito isso, quero que você saiba que nada muda de verdade se você não se mover por dentro primeiro. Não tem relação com fazer mais, e sim com fazer diferente, com consciência, fé e propósito. É como abrir a porta de dentro para fora. É sair da sobrevivência e voltar a viver com significado.

Não ignore os sinais do seu coração. Aquilo que dói em silêncio é exatamente onde Deus quer tocar com cura e direção. Você não precisa dar conta de tudo, mas precisa decidir não se abandonar mais.

Portanto, se estiver pensando em desistir, aqui está a minha palavra de encorajamento: Deus nunca desistiu de você, e Ele não começou agora. Não aceite que a sua vida seja só *sobreviver*. Deus tem algo novo, e você só precisa dar um primeiro passo. Pequeno e com fé.

Então, respire fundo e perceba que a mudança já começou. O caos pode estar acontecendo lá fora, porém algo dentro de você já está mudando, e é aí que tudo se transforma. A vida significativa que você procura não começa quando tudo se encaixa lá fora, ela começa quando você aceita, com amor, que Deus ama você como você é, e que você não precisa mais se perder para se sentir aceito, visto ou amado.

Ele vê você, vê as lutas silenciosas, os medos escondidos, a culpa que ninguém percebe. Mesmo assim, Ele chama você pelo nome. Você é filha. Você é cuidado. Você é obra-prima em construção.

Então, continue. Um passo por vez. Um "sim" de cada vez. Transforme o peso em oração, a pressa em presença e o medo em fé.

E lembre sempre: você não precisa dar conta de tudo. Você só precisa voltar ao colo do Pai.

ENCONTRAR O SEU PROPÓSITO
NÃO É TER TODAS AS
RESPOSTAS, É CAMINHAR
COM PRESENÇA E INTENÇÃO,
MESMO NOS DIAS ESCUROS.
CADA PASSO, POR MENOR
QUE PAREÇA SER, PODE
REPRESENTAR UMA ESCOLHA
CONSCIENTE E ALINHADA COM
QUEM VOCÊ É DE VERDADE.

KAKÁ DINIZ
PROPÓSITO EM CADA PASSO

3

Viva para cumprir sentido

Aos 23 anos, é empresário e consultor de *growth marketing* com mais de 10 milhões de reais em aumento de lucratividade utilizando o método SCV. Tem como maiores conquistas a esposa e o filho, e alimenta o sonho de um dia poder impactar a vida de jovens que não encontraram o próprio propósito.

@lucianofernandesof

©Miguel Oliveira

LUCIANO FERNANDES DA SILVA FILHO

Muito se fala sobre como a depressão é a doença do século XXI. A partir disso, a maioria das pessoas se preocupa constantemente em curar doenças causadas pelo senso de insignificância que habita o coração de muitos daqueles que, por algum motivo, perderam a esperança em si mesmos. Tudo isso, devido à alta cobrança de padrões perfeitos, por aqueles que estão longe da perfeição. Esse senso de insignificância, por sua vez, é potencializado com a premissa de que os nossos jovens, no auge da puberdade, precisam se adequar a padrões que muitas das vezes não lhes cabem.

A verdade que deveria ser incontestável, no entanto, é que a natureza de cada ser carrega a sua própria lógica de grandeza. Esperar que um tubarão escale árvores é negar a sabedoria do mar e a singularidade da vida. Dessa forma, essa constante busca por padrões perfeitos nos afasta daquilo que é essencial, do nosso verdadeiro propósito, da nossa verdadeira missão, e isso nos leva a um comportamento compulsivo em busca de algo que não nos preenche por completo.

Muitas vezes, esse sentimento é a força motriz por trás de profissionais desqualificados, insatisfeitos e, sobretudo, doentes. Acometidos por uma doença silenciosa, mas que mexe profundamente com os sentimentos mais sombrios e primitivos do ser humano, transformando pessoas brilhantes em andarilhas de piloto automático, que, sem entender para onde estão indo, satisfazem-se com o lugar em que estão.

Nessa sociedade imediatista e nessa busca incessante por resultados cada vez mais árduos e desafiantes, o nosso cotidiano, por muitas vezes, se abastece de problemas que impactam as nossas métricas e deixam a nossa jornada cada vez mais difícil. Com tantos pequenos obstáculos, é natural que a vida tome cursos que são movidos por aleatoriedades. E, para aqueles que não sabem o verdadeiro propósito, encontrar o destino fica sempre em segundo plano.

Com toda essa problemática, as pessoas vivem um dia após o outro sem entender o que estão construindo de fato e, quando chegam aos 40 anos, perguntam a si mesmas qual é a verdadeira missão. Quantas vezes você já ouviu de alguém mais velho algo como: “Eu daria tudo para ter a sua idade novamente”.

Isso é comum e acontece justamente porque essas pessoas se deram conta de que aquilo que fizeram ou conquistaram, por maior que fosse, não as completava de verdade, por isso viver uma vida sem propósito é como jogar em uma loteria na qual a satisfação da vida é o prêmio final.

Mas até que ponto toda a sua história vale a incerteza de não saber aonde quer chegar? É importante olhar para si, entender a sua missão e focar a construção de uma história baseada não em materialismo, mas em algo que faça você se sentir verdadeiramente feliz. Quanto maior for o tempo que passamos nos autossabotando em relação à verdadeira missão que temos, mais torturante serão os sentimentos de não termos tomado uma decisão definitiva antes. A angústia de se sentir incompleto, a sensação de fazer aquilo que não faz você verdadeiramente feliz e o medo de não ter tempo para reverter tudo isso endossam a necessidade de sermos corajosos para agirmos na nossa história.

Não ter a resposta para o nosso grande porquê gera um custo emocional incomensurável. Estar à espreita de viver uma vida de insucesso pessoal é estar inapto a conseguir construir relacionamentos com profundidade, o que leva a um problema que acomete grande parte das pessoas da geração dos anos 1980, que se casaram ou se relacionaram, mas, por simplesmente não saber quem elas realmente eram, não conseguiam se sentir satisfeitas com o rumo que a vida levou. Tiveram uma vida rasa, com relacionamentos também rasos e, hoje, sentem que ninguém mais é capaz de estar ao lado delas. Na mente delas, o erro está em não achar um parceiro que atenda às suas expectativas, e sim procurar no outro aquilo que elas mesmas ainda não encontraram: propósito.

Ao avaliar essa questão do ponto de vista analítico, há estudos que indicam que aproximadamente 80% das decisões mais significativas da vida adulta – como a escolha da carreira, relacionamentos duradouros e até mesmo as decisões sobre identidade – são tomadas até os 35 anos. Segundo a psicóloga Meg Jay, esse período molda o rumo da nossa existência.[1]

---

[1] CERCA DE 80% dos fatos mais importantes da vida ocorrem até os 35 anos. **AMBEP**, 11 fev. 2014. Disponivel em: https://www.ambep.org.br/cerca-de-80-dos-fatos-mais-importantes-da-vida-ocorrem-ate-os-35-anos. Acesso em: 9 jun. 2025.

O curioso (e preocupante) é que grande parte dessas escolhas acontece antes dos 25 anos, quando o cérebro humano ainda está em desenvolvimento, especialmente o córtex pré-frontal, que é responsável por julgamento, controle de impulsos e planejamento. Ou seja, as decisões que definem quem nos tornamos são, muitas vezes, feitas em uma fase em que ainda estamos aprendendo a ser. E talvez aí resida o verdadeiro erro: não em quem decide, mas em quem deveria preparar os jovens para decidir e não o faz. Vivemos em uma sociedade que, em vez de ensinar, orientar e fortalecer emocionalmente os jovens, os julga com dureza e cobra preços que eles ainda não estão capacitados a pagar.

Então é preciso mudar esse cenário, e isso pode ser simples: o propósito não se descobre como quem encontra algo perdido, mas se revela lentamente, quando silenciamos o mundo ao redor e passamos a escutar, com coragem, a voz esquecida de quem somos. É preciso que eu tenha um encontro comigo mesmo, verdadeiramente, sem procurar respostas em outros lugares, para que possa me perguntar: pelo que o meu coração arde? O que me faz ser feliz de verdade? O que é que me motiva e gera disciplina para todos os dias eu dar o meu melhor? Responder a essas perguntas é o primeiro passo em busca de uma transformação completa. Depois que você começa, entende que não tem mais volta, porque se permitir viver com propósito muitas vezes vai fazer você nadar contra a maré, mas bons marinheiros são moldados em oceanos caóticos.

Mesmo que falem ou chamem você de louco, entenda que louco de verdade você será se não se permitir viver sendo quem Deus chamou você para ser. Não espere viver pelos outros aquilo que só você pode viver. Entenda que a base de uma vida de sucesso não é ter *grandes riquezas* ou *conquistar grandes coisas*, e sim encontrar o verdadeiro propósito e ajudar as pessoas com aquilo que temos de melhor, que é a nossa própria singularidade. Como? Veja a seguir.

Silencie

Vivemos cercados por expectativas, pressões e vozes que tentam nos moldar o tempo inteiro. A sociedade dita o que devemos ser, o que devemos conquistar, como devemos nos comportar. Mas em meio a tanto barulho, muitas vezes nos afastamos de nós mesmos. É por isso que tantas pessoas hoje vivem sem entender o seu propósito. Começam a viver no automático, cumprindo tarefas, batendo metas e ocupando papéis. Lá dentro, contudo, algo continua vazio. E esse vazio não se preenche com conquistas externas.

É por isso que o primeiro passo que precisamos dar é *silenciar*. Não apenas o mundo ao nosso redor, mas também o ruído dentro da nossa mente. Quando nos afastamos do excesso de estímulos, começamos a escutar uma voz que estava esquecida: a nossa própria voz. Aquela que não quer agradar a todos, apenas quer ser fiel ao que acredita.

Você não precisa de fórmulas mágicas, precisa de silêncio, de pausa, de coragem para ficar consigo mesmo. É nesse lugar que começamos a encontrar as respostas que sempre procuramos do lado de fora.

Encontre

Depois disso, vem algo ainda mais forte: a lembrança daquilo que faz o seu coração arder. Aquilo que desperta em você um entusiasmo que o tempo não apaga. Às vezes está nas coisas mais simples, como uma conversa, um gesto e uma ideia. Às vezes está escondido nas memórias da infância ou nas dores que marcaram a sua história. Mas está aí. Encontre!

Ao começar a caminhar na direção daquilo que verdadeiramente move você, a vida ganha outro sentido. Você deixa de apenas sobreviver e passa a construir algo que faz sentido para a sua alma. Aplicar isso pode parecer desafiador em um mundo tão acelerado, mas é justamente por isso que precisamos desacelerar. Precisamos de coragem para ir na contramão, para parar de seguir o fluxo só porque todos estão indo.

A transformação começa quando deixamos de procurar fora e decidimos nos reconectar dentro. Quando encontramos o que nos toca. Quando percebemos que os obstáculos nunca foram o problema real, pois o problema era a desconexão com o que realmente importava. Acredite: viver com propósito pode não ser o caminho mais fácil, mas é o único que vale a pena, porque, enquanto muitos vivem para cumprir expectativas, você vai começar a viver para cumprir sentido.

Com apenas 17 anos, tive um período decisivo. Apesar de ainda ser jovem, percebi que estava seguindo um caminho que não era meu. Os meus pais sonhavam em me ver médico e, por amor e preocupação com o meu futuro, investiram nos melhores cursinhos, escolas e em um apartamento na capital. Apesar de tudo isso, eu me sentia sufocado. Sozinho naquele apartamento de 60 metros quadrados, tive crises de ansiedade e uma angústia profunda por viver uma expectativa que não escolhi. Por fora, tudo parecia certo, mas por dentro eu me perdia. Foi nas minhas orações que comecei a ouvir minha própria voz. Entendi que só eu poderia mudar o rumo da minha história. Tive medo, mas decidi ser fiel a quem eu era. Enfrentei críticas, frustrações familiares e julgamentos, mas segui adiante.

Anos depois, no Fórum Negócios de 2022, compreendi o meu verdadeiro propósito: ajudar empresas tradicionais a se adaptarem ao marketing digital e ao *growth*. Hoje, aos 23 anos, vivo os frutos dessa escolha. Mais do que resultados profissionais, encontrei a paz de viver com propósito e alinhado com a minha verdade.

Uma decisão importante requer uma coragem acima da média. Entender isso me fez perceber que, mesmo escutando das pessoas que eu deveria continuar lutando para ser aquilo que não me cabia, a voz que realmente eu precisava ouvir era a que gritava por propósito, e não por conquistas financeiras. Agora, aqueles que me achavam maluco por "desistir" são os mesmos que me parabenizam pelas conquistas tão precoces.

Sendo assim, colocar esse passo a passo em prática é mais do que tomar uma decisão racional. É um ato de coragem espiritual. Quando você decide silenciar o mundo e ouvir a sua própria verdade, tudo começa a se alinhar. O tempo passa muito rápido, e não há dor maior do que olhar para trás e perceber que você viveu uma vida que não era sua. Então, a minha orientação final é simples, mas profunda: não terceirize a responsabilidade de escrever a sua história. Ninguém além de você sabe o que arde aí dentro.

Mesmo que hoje você esteja com medo, perdido ou achando que não é o momento, saiba que a maior loucura é continuar vivendo desconectado de quem você realmente é. Se estiver pensando em desistir, lembre-se: desistir do seu propósito é se abandonar. Você não merece isso. Você merece viver com verdade, com paz e com direção.

Se tiver coragem de dar esse passo, pode ter certeza de que o mundo à sua volta vai mudar, porque você mudou por dentro. A vida não pede permissão para passar, mas o propósito sussurra todos os dias, esperando que você finalmente tenha coragem de escutá-lo, mesmo que na sua ótica seja tarde, enquanto houver tempo, com propósito, há esperança de uma real transformação.

Portanto, se este capítulo tocou o seu coração em algum ponto, saiba que não é por acaso. A vida pode até ter levado você por caminhos distantes da sua essência, mas nunca é tarde para recomeçar. A mudança que você espera não começa fora, começa dentro. E você não precisa ter todas as respostas, precisa apenas de coragem para fazer a pergunta certa: "Quem eu sou de verdade e por que estou aqui?".

Ao definir isso, o universo inteiro passará a conspirar a favor da sua autenticidade. Essa verdade pode até doer no início, mas ela é a única ponte para uma vida com sentido. Não se conforme em existir. Escolha viver. Viva por algo que faça você acordar com brilho nos olhos. Se algum dia pensar em voltar atrás, lembre-se: cada vez que ignorar o seu propósito, estará apagando um pouco da luz que só você pode deixar no mundo.

Por último, quero convidar você a continuar essa conversa comigo, caso algo disso tudo tenha feito sentido. No meu Instagram, @lucianofernandesof, compartilho reflexões, experiências e aprendizados sobre propósito, coragem e transformação. Assim, se alguma parte deste texto tocou você, me envie uma mensagem, compartilhe comigo o seu maior insight ou aprendizado. Quero muito ouvir você. Mais do que seguidores, busco conexões reais com pessoas que também desejam viver com verdade.

Que a gente possa, juntos, seguir nessa jornada rumo ao nosso verdadeiro propósito. Um passo de cada vez, com consciência, fé e coragem.

4

Você não é o seu momento

É bacharel em Administração pela FECAP. Filho de Francisco e Marilene, é casado com Bia Bazolli, com quem tem três filhos: Davi, Pedro e Maria Flor. O casal transforma obstáculos em oportunidades todos os dias, em busca de uma vida mais significativa. Apaixonado por livros e pela força transformadora da educação, há vinte e quatro anos fundou a Gráfica Forma Certa, uma das maiores gráficas digitais da América Latina, com mais de 1,5 bilhão de páginas de livros impressas por ano e dedicada a imprimir para fomentar a leitura e impactar positivamente a educação no Brasil.

@fabriciolemosoficial @graficaformacerta fabricio-lemos

©Wagner Junior | Agência Magic Beans

FABRÍCIO LEMOS

Na longa jornada da vida, enfrentamos obstáculos desde a nossa concepção. Lá no início da nossa existência, será que tínhamos ideia de quão incríveis já éramos? Será que você tem ideia do quão incrível já foi? Foram centenas de milhões de espermatozoides, e apenas um – você! – foi o escolhido para fecundar o óvulo da sua mãe. Em uma jornada que, na maioria das vezes, dura cerca de quarenta semanas, imagine quantos obstáculos você já superou.

Vamos relembrar um pouco? Você aprendeu a se alimentar, a respirar, a ouvir, e tudo isso ainda na placenta da sua mãe, até que ela pudesse dar origem a um dos maiores milagres criados por Deus: a sua vida. Você nasceu e aprendeu a se comunicar mesmo sem saber falar. Aprendeu a sorrir, a amar. Mesmo quando ainda era um bebê, você já amava. E não parou por aí… Você rastejou, engatinhou e andou. Mesmo com todos os obstáculos, se sentia incrível. Não parava de crescer. Caiu, se levantou, sorriu e chorou. Consegue se lembrar de alguns desses momentos?

Você evoluiu. Estudou, aprendeu a ler, a escrever. Quem sabe até a falar outros idiomas, conhecer outras culturas. Depois de tudo isso, às vezes você olha para trás e não consegue enxergar toda a sua jornada de sucesso, de amor. Se vê paralisado por alguns pequenos obstáculos. Agora, após essa simples retrospectiva, consegue ter ideia da imensa capacidade que já demonstrou para superar dificuldades?

Talvez o que está enfrentando agora esteja paralisando você. Pode ser que surjam o medo e aquela sensação de que não vai conseguir. Não é raro que essas sensações sejam acompanhadas de depressão, ansiedade ou tantas outras doenças crescentes no mundo moderno. Todas elas impedem de seguir adiante e conquistar a vida extraordinária prometida por Deus desde a sua geração.

Então, reflita: quantas vezes esses obstáculos já travaram os seus passos? Já pensou no quanto isso tem afastado você de viver a vida plena e extraordinária que você tanto deseja?

E se você tivesse clareza de como sua vida poderia florescer em tantas áreas: espiritual, conjugal, familiar, profissional, financeira? Já imaginou como seria crescer no autoconhecimento, cuidar da sua saúde e viver com propósito, servindo ao próximo?

Já pensou que, se pararmos para observar, o tempo que temos de passagem aqui é tão curto que gera uma grande reflexão: faria sentido aprendermos a lidar com tantos obstáculos desde a nossa concepção apenas para, mais tarde, na trajetória da vida, sermos influenciados por crenças limitantes que nos dizem que não conseguiremos, que não poderemos ou que não seremos capazes de superar algo por motivos aleatórios?

Sei que pode faltar motivação para dar o primeiro passo em busca do seu sonho, mas durante boa parte da minha trajetória tenho aprendido que *motivação* e *disciplina* devem caminhar juntas em busca de um *propósito maior*. É sobre isso que quero discorrer nas poucas linhas que nos unirão neste capítulo. Será como um pequeno gesto em busca de um propósito.

Como um ser humano, alguém que foi escolhido para nascer, viver e servir em abundância, você já pensou no quanto da sua vida pode estar sendo desperdiçada? Só de imaginar os obstáculos, muitas vezes paralisamos. Entendo que isso aconteça, pois, em vez de focarmos a solução, ficamos presos aos obstáculos, sem perceber que eles fazem parte essencial do processo rumo ao progresso.

Falo isso com a propriedade de quem, diversas vezes, já esteve paralisado, olhando para um problema e imaginando que ele era maior do que realmente parecia. Em muitos momentos, senti aquele gelo na barriga, com algumas noites mal dormidas, mas posso afirmar que sempre que decidi enfrentar os obstáculos, na vida pessoal ou profissional, saí da experiência com aprendizados. E cada aprendizado é uma vitória na busca por uma vida mais significativa e alinhada a um propósito maior.

Hoje, com tantas áreas exigindo atenção, é quase impossível termos sucesso absoluto, assim como é quase impossível nos sentirmos verdadeiramente felizes. Por isso, creio que, independentemente da religião, Deus precisa estar presente na nossa vida, para nos guiar, nos guardar e nos direcionar.

Você nasceu incrível. Lembre-se disso! E até chegar aqui, como dizia minha avó Amélia, com quem tive o prazer de me corresponder por cartas escritas à mão, "muita água já passou por debaixo da ponte". Você foi influenciado por tudo ao seu redor, do ambiente em que cresceu até as pessoas com quem conviveu. Talvez tenha enfrentado abandonos, ausência de amor, medos e inseguranças na infância. Talvez tenha tido uma infância difícil, tenha precisado trabalhar desde muito cedo ou tenha ouvido e vivenciado, mesmo sem perceber, crenças limitantes que, ao longo da jornada, fizeram você desacreditar de si mesmo.

Independentemente de todos esses fatores, se parar para analisar o que incomoda agora, tenho uma excelente notícia: algo começará a mudar se você enxergar esse problema sob o prisma de que ele é seu e só você pode resolvê-lo. Como diria Paulo Vieira, autor best-seller, empresário e uma das maiores autoridades em inteligência emocional do país: "Autorresponsabilidade é a crença de que você é o único responsável pela vida que tem levado. Sendo assim, é o único que pode mudá-la".

Então, tenha motivação para iniciar e disciplina para transformar.

Durante muito tempo, fui um entusiasta da motivação. Era inspirador fazer algo ou buscar uma conquista sendo movido por um sonho. De fato, a motivação tem um papel importante, que nos impulsiona a dar o primeiro passo. Mas o que aprendi com os anos é que, muitas vezes, a motivação sozinha não resolve. É preciso mais. É necessário ter intencionalidade. É essencial ter disciplina.

O que tornou a minha empresa líder no segmento em que atua, exportando para vários países da América Latina, foi esta combinação poderosa: motivação e disciplina para fazer o que precisa ser feito, todos os dias.

Da mesma forma, a transformação da minha vida pessoal e conjugal também é movida por motivação (sim!) e sustentada pela disciplina e pela intenção clara de ser um pai e marido melhor a cada dia, sabendo sempre que as maiores conquistas virão quando eu for capaz de superar os maiores desafios.

O que realmente vai transformar você não é a motivação, é cada passo dado, mesmo nos momentos mais difíceis. E os passos estão a seguir, contemplando a vida pessoal e profissional.

Vida profissional

Considerando o ecossistema profissional, o primeiro ponto é pensar, de maneira muito clara, onde você gostaria de estar. Seja o mais detalhista possível: se for empreender em um negócio, procure imaginar exatamente como ele será, como impactará positivamente você e a sua família, além das pessoas que vão trabalhar com você e aquelas para quem vai vender o seu produto ou serviço.

Em seguida, trace cada passo que será dado: quanto precisa vender e fabricar por dia, o que pode ser feito de modo diferente do que faz hoje. Mensure cada resultado semanal, mensal e anual, corrigindo os ciclos.

Vida pessoal

Na vida conjugal, a ideia não é muito diferente: seja intencional. Onde você está hoje? Aonde deseja chegar? Lembre-se: aquele pequeno espermatozoide, escolhido entre milhões, deseja amar e ser amado por outro ser igualmente especial, em uma relação saudável, sem dependência e com profunda conexão entre ambos.

Visualize cada detalhe: a casa em que vão morar, a viagem dos sonhos, os sorrisos, as vitórias em conjunto. Imagine vocês vencendo, lado a lado, cada obstáculo que surgir, tornando-se mais maduros, mais unidos, mais conectados entre si e com Deus.

Agora, com toda essa motivação, trace também o seu plano de disciplina: quanto tempo vai dedicar, de modo real e consciente, para que juntos consigam transformar cada desafio em uma oportunidade?

A resposta para essa pergunta moldará uma vida conjugal para que seja muito mais significativa, para que esteja em conexão com o seu parceiro, com os seus filhos e com o impacto positivo que vocês serão capazes de gerar na vida de todos ao redor.

Para aprofundar

Sou apaixonado pela transformação que os livros podem proporcionar na nossa vida. Eles são companheiros fiéis, de cabeceira, de viagem, e têm o poder de, em poucas páginas, mostrar que outras pessoas enfrentam obstáculos semelhantes aos nossos. Assim, quero deixar como indicação dois livros, em especial, que marcaram profundamente a minha jornada: *O milagre da manhã,* de Hal Elrod, e *O poder da autorresponsabilidade,* de Paulo Vieira. Foram leituras transformadoras para mim, e espero sinceramente que também possam contribuir com a sua caminhada.

De modo geral, transformar obstáculos em oportunidades sempre fez parte da minha trajetória profissional. Mais recentemente, venho percebendo que esse mesmo princípio também se aplica com profundidade à minha vida pessoal.

Quero compartilhar um fato marcante da minha caminhada profissional: durante a pandemia de covid-19, a Forma Certa imprimia livros voltados à área da educação no Brasil. Inicialmente, ficamos completamente perdidos, sem saber para onde seguir. Cuidar das pessoas sempre esteve no nosso DNA, mas, naquele momento, ainda não tínhamos clareza de um propósito maior.

Reuni-me com os meus sócios, que são grandes parceiros de jornada, e juntos desenhamos todos os cenários possíveis. Com disciplina, colocamos em prática uma série de medidas, não apenas para garantir o emprego dos nossos 150 colaboradores da época, mas também para proteger a saúde de todos, antecipando soluções que, mais tarde, foram recomendadas pela Anvisa.

No meio de tantos desafios, em momentos em que chegamos a achar que não conseguiríamos, Deus nos ajudou a enxergar uma oportunidade: alguns grupos internacionais de ensino precisavam exportar para países da América Latina, mas enfrentavam dificuldades logísticas com a China.

Abraçamos essa chance com coragem! Com uma curva de aprendizado intensa e o engajamento total do time, em menos de sessenta dias, o nosso primeiro container estava pronto para exportação para outros países. Poucos anos depois, dobramos o número de colaboradores, mais que dobramos a receita e, melhor do que isso: entendemos que precisávamos de um propósito maior.

Percebemos que o que fazíamos gerava impacto nos nossos colaboradores, que estavam em processo de crescimento, e poderíamos transformar positivamente a sociedade. Foi aí que demos início à construção de uma grande jornada em ESG (Governança Ambiental e Social, em português), que ainda está em andamento, mas agora com um propósito claro, construído com todo o nosso time: imprimir para transformar.

Com isso, posso dizer que a motivação para buscar um propósito maior nos inspira, mas é somente a disciplina que nos move, que nos leva a alcançar os grandes resultados que Deus planejou para a nossa vida, muitos dos quais nem sequer temos a dimensão. Ele nos disse "tenham vida em abundância", em João 10:10,[1] e quem nos limita, muitas vezes, são as crenças que absorvemos. Ao que assistimos, com quem convivemos, as conversas que escutamos, as mesas que compartilhamos.

Portanto, dou um conselho final: você não é este momento. Ele é só uma fase da sua vida, um obstáculo que o fará aprender, valorizar e abraçar muito mais as suas conquistas. Foi justamente em um desses momentos, em uma mudança de significado e um redesenho de frases e propósitos, que voltei à minha infância, quando sonhava ser escritor, sentado ao lado do meu pai com um livro nas mãos, mesmo sem saber ler, e tomei a coragem de escrever as primeiras páginas de um livro em conjunto com pessoas que querem crescer e ajudar outras a crescerem juntas.

Assim, quando olho para trás, vejo muitas conquistas na minha vida que nem imaginava, e a melhor de todas seguramente foi o caminho. Uma vida é muito mais significativa quanto apreciamos a paisagem no caminho. Lembro-me da minha mãe, dos sonhos de encorajamento do meu pai, das brincadeiras com os meus irmãos, do meu casamento com a Bia, com quem vivo há mais de vinte anos, com momentos de alegrias e de muitos aprendizados, e lembro também do nascimento do Davi, do Pedro e da Maria Flor. Recordo tudo isso. Os meus filhos são os milagres de Deus na nossa vida, o maior combustível que Ele colocou na minha jornada para que eu pudesse ser um ser humano melhor a cada dia e superar todos os obstáculos na busca de uma vida mais significativa.

Do latim, há um pequeno provérbio de Horácio que diz: "*Non omnis moriar, omnia causa fiunt*". Em tradução livre: nada acontece por acaso, não morreremos eternamente. São as nossas obras que prolongam a nossa vida.

Então, quais obras vamos deixar neste mundo?

---

[1] "O ladrão não vem senão a roubar, a matar, e a destruir; eu vim para que tenham vida, e a tenham com abundância" (João 10:10).

5

O poder de uma escolha corajosa

É especialista na área da beleza há trinta anos, formado pelas principais academias no Brasil e no exterior, além de ser gestor, educador e palestrante nos principais eventos do setor. É casado há mais de vinte anos, pai de três filhos e cristão.

@luizalveshairtrend

©Acervo pessoal

LUIZ ALVES

Dedico este capítulo a minha esposa, meus filhos, familiares e todos os mestres que tive ao longo da minha carreira.

Diariamente, buscamos respostas para os mais diversos tipos de perguntas e dúvidas, independentemente da nossa idade. Essa busca constante tem gerado bastante insegurança, especialmente diante do imediatismo atual, que faz muitos se sentirem pressionados, como se estivessem sempre prestes a fazer escolhas erradas. Sei que, assim como eu, muitos já passaram por esse dilema.

Lembro-me da dor que senti ao fazer uma escolha difícil diante de uma oportunidade profissional. Contarei mais adiante. Não era algo que pensava em seguir, tampouco desejava ou me sentia atraído. Mesmo assim, permiti-me viver a experiência. Hoje, três décadas depois, posso afirmar que valeu a pena. Rompi inúmeras barreiras e conquistei tudo o que tenho por meio dessa linda oportunidade – que, à primeira vista, estava disfarçada de dor.

Insegurança, indecisão ou medo, quando não canalizados ou transformados em energia positiva, acabam paralisando as pessoas. Muitas vezes, elas se escondem atrás de desculpas ou situações, simplesmente por não enfrentarem o que realmente precisam. Ao longo da minha trajetória, conheci diversas histórias na minha área de atuação. Em muitas delas, ouvi relatos de arrependimento por não terem superado as dores e os desafios do passado.

Marcos Rossi, um grande palestrante e especialista em superação, ensina sobre medos, limitações e desafios, mas também sobre objetivos, determinação e conquistas. Isso fez toda a diferença quando comecei a acessar novos ambientes e a me aproximar de pessoas com histórias de sucesso. Me motivava cada vez mais a prosseguir em direção ao meu alvo.

A cada dia que passa e você não toma uma atitude – com uma nova escolha ou a partir de uma mudança –, esse problema vai se tornando algo maléfico para você e, consequentemente, para todos ao seu redor. Por isso, é urgente que você decida qual será o seu próximo passo. A vida é linda demais para não ter nenhum sentido naquilo que você vem fazendo. Comece tentando, na medida do possível, ouvir a sua voz interior. Se necessário, peça ajuda. Só não continue em uma vida sem propósito.

Quando eu tinha 17 anos, estava completamente perdido. Não sabia o que fazer, o que seria de mim. Carregava muitos medos, muitas perguntas sem respostas e já vivia debaixo de algumas culpas. Parecia ser o fim. Até que aceitei o desafio de algo completamente novo, e ali começou um processo de restauração, capacitação, novas oportunidades e novas conexões.

À medida que eu ia rompendo as barreiras, o medo e a insegurança foram sendo trocados por *pequenas conquistas* que, com o tempo, tornaram-se grandes vitórias. Elas, por sua vez, deram início a uma nova vida, cheia de sentido. Um exemplo prático disso é o propósito de estar aqui, escrevendo este texto. Isto também acontecerá com você: a sua vida e o seu testemunho impactarão outras pessoas porque você tomou uma decisão. Você escolheu sair do estado atual e decidiu viver *algo novo*.

Como disse que a indecisão pode ser transformada em algo positivo, vale explicar a consequência negativa que envolve permanecer nesse ponto. Para mim, a indecisão e as dúvidas do passado traziam ansiedade e frustrações. Eu me comparava constantemente com o desempenho dos meus colegas, com a vida deles que, aparentemente, era melhor do que a minha. Cada dia que eu não tomava uma atitude não apenas atrasava o processo de sucesso que estava por vir como também alimentava aquele sentimento de ser um "derrotado". Isso me dominava, e eu não sabia como enfrentar.

É muito ruim não saber lidar com certas cobranças. Parece que tudo o que se faz nunca é suficiente. Mas quero dizer algo importante: no dia em que você decidir mudar, aceitar o novo e se permitir descobrir dentro de um novo desafio, tudo começará a se transformar. Isso acontece com tudo ao nosso redor, incluindo a natureza.

Em alguns processos naturais, como a formação das pérolas e dos diamantes, de um simples grão de milho que se transforma em uma deliciosa pipoca ou, ainda, no modo como uma lagarta vira borboleta, é possível entender que tudo que acontece diz respeito aos *processos*. Para que algo novo surja é preciso processo, experiências. Tudo leva à lei da escolha e a como somos, sim, capazes de ser transformados quando damos essa permissão à vida.

É curioso observar certos pontos da nossa vida, especialmente como tantas pessoas parecem ter respostas prontas para tudo, principalmente quando se trata de decidir o destino ou o futuro. Só fui entender, anos mais tarde, a verdade mais certeira: como alguém que nunca construiu nada na vida, que não é exemplo de superação, pode aconselhar você sobre qual é o melhor caminho a seguir ou opinar sobre uma decisão importante que você precisa tomar? Não faz sentido. Então precisamos desconfiar das respostas prontas, dos conselhos daqueles que não chegaram aonde gostaríamos. Devemos desconfiar até mesmo das crenças limitantes que absorvemos dentro do nosso lar, vindas de parentes ou amigos, pois elas podem nos impedir de dar o próximo passo.

Lembro-me claramente de alguns comentários que ouvi no início da minha nova escolha. Diziam frases como: "Ih, agora o Luiz vai virar homossexual", "Ih, o Luiz não quis estudar e foi virar cabeleireiro", "Ih, o Luiz não arrumou emprego e agora está fazendo bico em salão de beleza". Para continuar no meu propósito, precisei renunciar a certas amizades.

Digo a você, portanto, com toda a convicção: se for necessário, renuncie a amigos, a familiares e à presença de pessoas que costumo chamar de "coveiros espirituais", que são aquelas que estão sempre ao nosso redor, mas nunca têm nada de bom para oferecer. Pelo contrário: estão sempre prontas a lançar palavras de derrota, pessimismo e desânimo. Cerque-se daqueles que impulsionam o seu crescimento, que inspiram a evoluir e ajudam você a chegar ao próximo nível.

Então pergunto: o que você está esperando para sair do seu estado atual? Não tenha medo! Permita-se vivenciar o novo. Algumas respostas só aparecerão depois que você der o próximo passo. Viva o processo. E, ao longo da caminhada, Deus confirmará o seu propósito.

Se você se sente infeliz ou incompleto com a vida que tem hoje, saiba que só depende de você virar esse jogo – e você pode começar agora mesmo. Saia um pouco da situação, olhe ao redor e faça uma autoavaliação sincera. Reflita sobre o ambiente em que você vive, as pessoas com quem tem andado ou conversado, os grupos de amigos ou parentes com quem tem se sentado, os programas de TV ou rádio aos quais tem emprestado os seus olhos e ouvidos.

Quando me afastei de ambientes e amizades tóxicas, comecei a enxergar um novo mundo. Passei a me conectar com pessoas melhores do que eu, no sentido de me incentivarem a extrair o melhor de mim. Foram essas pessoas que me mostraram que eu era – e sempre fui – *capaz* de me tornar alguém respeitado na nova escolha profissional. Elas me ensinaram que não existem limites para ser criativo, que eu podia, sim, inspirar novos talentos e transformar vidas. Foi aí que encontrei um novo e profundo sentido para viver. À medida que desenvolvia as minhas habilidades, percebia que podia ir para qualquer lugar do mundo, porque tudo aquilo que estava construindo me acompanharia. O conhecimento adquirido me transformava em um novo homem, despertando em mim cada vez mais sede e vontade de aprender.

Por isso, mostro a seguir alguns princípios que podem ajudar nesse processo de reencontro consigo a fim de chegar ao próximo nível.

Jogue fora as críticas

Assim que entrei na profissão, guardei em uma caixinha mental todos os comentários desnecessários que fizeram sobre a minha escolha e transformei tudo isso em combustível. Queria provar, antes de tudo a mim mesmo, que seria capaz de ir além de ser apenas um profissional formado na área da beleza: seria uma referência. Não estava chegando para ser apenas mais um.

Esteja entre os mais sábios

Desde o início, desejei estar entre os mais sábios da época – e continuo com esse desejo até hoje. Queria entender como eles haviam alcançado formações, sucesso e habilidades. Com essa busca, aprendi que, quando você canaliza os próprios medos, as frustrações e todo o peso do passado em algo que mostra a você o quanto você pode se tornar relevante e importante, ninguém mais consegue parar isso. Nesse ponto, tive que aprender muito sobre disciplina, comprometimento e respeito.

Ensine ao próximo

Ao longo da minha formação, compreendi que era necessário ensinar quem vinha lá de trás como uma forma de retribuir ao universo tudo aquilo que ele me entregou. Foi assim que me apaixonei pela educação na área da beleza. Descobri como é gratificante ensinar e formar uma pessoa em uma profissão que muitos acreditam não serem capazes de seguir e, então, vê-la descobrir algo que já estava em si, mas precisava ser revelado.

Descubra qual é o propósito

Independentemente da escolha que fizer, digo com propriedade: sempre haverá um propósito por trás de tudo. E você precisará descobrir qual é. Toda vez que estou diante de um aluno ou formando alguém, me lembro de como cheguei nessa profissão (inseguro, perdido) e de como Deus colocou pessoas maravilhosas e especiais no meu caminho, que contribuíram imensamente para que eu chegasse até aqui.

Dentro de você também existe esse propósito de vida. Muitas vezes, ele se revela justamente por meio de medos e inseguranças. Assim, se a escolha feita ou o novo desafio que estiver assumindo não provocar uma transformação profunda, se não gerar um verdadeiro giro de 180º, então ainda há algo a ser ajustado.

Mude o que for necessário

Com certeza, será necessário mudar alguns comportamentos, ambientes, pessoas e hábitos. Fui literalmente forjado em meio a diversas situações que tentaram me paralisar e me fazer desistir. Mas o propósito sempre falou mais alto. Então deixe que o seu propósito fale mais alto e mude o que for necessário.

Seja grato

A gratidão foi (e ainda é) uma grande companheira nessa jornada. Todas as vezes que o meu ego queria se sobrepor, eu voltava à posição de aluno. Porque, enquanto estivermos vivendo nesta terra, estaremos, dia após dia, na escola da vida. Seja grato, seja aluno, seja humilde para aprender. Isso é fundamental.

Avançando nesse ponto, lembro-me de que, assim que me formei na profissão, como especialista em beleza, estava tão apaixonado que me fiz a seguinte pergunta: *E agora, o que vou fazer daqui para frente?* Eu já tinha um diploma, o que era suficiente para trabalhar onde quisesse. E foi aí que uma voz interior me disse algo como: "Luiz, quando começou, você disse que não queria ser apenas mais um nessa área?". Naquele momento, me lembrei daquela caixinha interna em que havia guardado frases como: "Todo cabeleireiro é burro porque não estudou". Um filme passou rapidamente na minha mente. Revivi quem era quando cheguei na profissão e percebi quem estava sendo naquele momento.

Soube, portanto, que não poderia parar. *Qual será o próximo curso de especialização?*, era o que eu me perguntava. E seguia. A partir dali, vieram vários. À medida que investia na minha carreira, portas se abriam, novas pessoas se conectavam comigo. Sempre que olhava para trás, para aquele menino de 17 anos "sem futuro", eu o via ficando cada vez menor. Todos aqueles medos e acusações iam diminuindo. Quanto mais eu buscava o conhecimento, mais eu crescia profissionalmente. Com isso, vinham as oportunidades. Eu fazia tudo sempre com muita humildade, é claro, pois trouxe isso do berço, do meu amado e querido pai.

Note, então, como é interessante esse processo de crescimento e aprendizado, como existem valores que levamos da infância e devemos guardar, mas também como existem as crenças que precisamos abandonar. Imagine se eu tivesse, no passado, me contentado apenas com o diploma. Com certeza hoje não estaria aqui, e muito menos seria a pessoa e o profissional que sou hoje. Foi justamente a busca por fazer mais que me levou a me tornar empresário na área. Foi nesse caminho que conheci a minha esposa, Bruna Alves, que me deu de presente três lindos filhos: Lucas, Lívia e Liz.

Hoje vejo que nem tudo sobre o meu propósito estava claro naquela época, assim como não estará para você, até mesmo porque existirão, desde o início, oportunidades e desafios. Mas uma coisa é certa: vale a pena pagar o preço do processo. Se hoje você se sente como aquele menino de 17 anos que fui, cheio de medo, insegurança e buscando respostas, não desista. Rompa com tudo isso. Você tem muito a contribuir com essa vida. Deus não o escolheu no ventre da sua mãe por acaso. Não existem acasos para Deus, existem propósitos, e você é um deles.

Deixe Deus usar a sua vida da maneira que quiser. Ele vai dando forma, cor, vida e sentido a tudo. Um dia, não tão distante, a sua família vai reconhecer esse Deus em você. As pessoas terão orgulho de quem você está prestes a se tornar. Sou uma prova viva de que vale a pena aceitar esse desafio que há tanto tempo atormenta ou paralisa você.

Acredite, o melhor ainda está por vir. Não existe uma idade certa para encontrar o verdadeiro propósito de vida. Quando o descobrir, você passará a viver de verdade. Outras vidas serão alcançadas por meio do novo testemunho, do novo capítulo da sua história.

Sei que a minha história é apenas mais uma entre tantas que falam sobre superação, motivação e virada de chave, mas espero que ela tenha tocado o seu coração para a mudança. Hoje, quero fazer um convite: venha participar do grupo seleto de pessoas que escolheram transformar tudo que foi usado contra elas em combustível para criar um verdadeiro espetáculo de vida.

Que você possa olhar no espelho todos os dias e afirmar, com o coração cheio: "Obrigado, Deus, porque eu não desisti!". Espero que, ao fazer isso, você veja refletida não só a sua própria transformação, mas também a multidão de pessoas que foram impactadas por essa escolha. Uma escolha que não foi simples, mas foi corajosa.

Na minha adolescência, eu sonhava em ser policial. Mas a vida me conduziu a outro caminho. Assim, há trinta anos venho "prendendo e soltando" cabelos como ninguém. A verdade é que a vida está sempre disposta a nos dar uma nova chance, a recalcular a rota sempre que for necessário e a nos mostrar o caminho que realmente faz sentido. Aceite esse chamado.

O próximo capítulo é seu.

6

Dê um passo corajoso de coração aberto

É empresário, palestrante e CEO de marcas varejistas no Rio Grande do Norte e além. De Natal, é bacharel em Fisioterapia (UNI-RN) e óptico (Senac-RN). Aos 12 anos, já fabricava lentes no laboratório de óptica da mãe, experiência que marcou para sempre essa trajetória. Também é idealizador de outras marcas, como Oi Meninas, Specialiste, Opto+ e Jesus Lentes. Ajudar pessoas é o maior propósito de Pabllo. Como palestrante, inspira a construir os próprios caminhos, mesmo em tempos adversos. É cristão, marido de Nadeli e pai de Enzo e Gabriel, que são base, motivos de orgulho e motivação, e fonte diária de amor e equilíbrio.

@pablloroyttimans

©Walter Tomio
PABLLO ROYTTIMANS

Será que o sentimento de estagnação e impotência diante das adversidades da vida é algo que está afetando a sua trajetória? Muitos vivem em piloto automático, carregam frustrações, medos e inseguranças, sem conseguir enxergar um caminho de saída ou de propósito real. Querem mudar, mas não sabem por onde começar e, ainda pior, não acreditam mais que podem. Geralmente, acabam desistindo.

Você se sente perdido? Perdido no trabalho, nas emoções, nas finanças, nos relacionamentos, e, principalmente, desconectado de um propósito maior? Essa é a falta de clareza de propósito, que impacta tudo ao redor. No trabalho, você perde a motivação e procrastina. Nos relacionamentos, se isola ou vive em conflito. Nas emoções, carrega frustração, culpa ou vergonha. Na saúde, sente cansaço constante, ansiedade e até sintomas físicos. É como se algo estivesse sempre faltando, mesmo quando aparentemente está "tudo certo". Isso promove um vazio em você.

O tempo não para, e justamente por esse motivo você precisa resolver o que está acontecendo. Cada dia de transformação adiada é um dia a menos vivendo o seu propósito e realizando os seus sonhos. Também será mais difícil acreditar que é possível mudar. Isso sem contar que está minando a sua energia, a autoestima e o potencial de uma vida significativa. É um impacto silencioso: você não percebe que está se afundando até que já perdeu quase tudo, como a saúde mental, os relacionamentos e a fé em si mesmo. Quando está desconectado do seu propósito, aceita uma vida mediana e sem brilho. Isso, com o tempo, pode se transformar em frustração profunda, depressão e até na desistência da própria jornada.

Portanto, falta direção, entusiasmo e sentido nas suas ações. É bem provável que você não esteja conseguindo realizar os seus sonhos. Não porque falta capacidade, mas porque está paralisado por dúvidas e inseguranças. Não tem coragem para começar, clareza para continuar e fé para acreditar que merece chegar lá. Muitas vezes, sente falta de alguém que o compreenda, alguém que mostre que também já esteve no fundo do poço e conseguiu sair.

Sei que provavelmente você vive com um aperto no peito, um nó na garganta e uma voz interna dizendo que "não é bom o suficiente". Sei que sente angústia ao acordar e ansiedade ao dormir. Mesmo cercado de oportunidades, se sente vazio. Carrega culpa por não estar onde queria e vergonha por ter perdido o controle da vida.

É uma mistura de medo, arrependimento e desesperança que envolve um custo altíssimo. Emocionalmente, leva à autossabotagem, à desmotivação, à baixa autoestima e, muitas vezes, à depressão. Na prática, continua adiando projetos, perdendo oportunidades, afastando-se de pessoas importantes e se acostumando com uma vida que não representa quem realmente é ou almeja ser. Cada ciclo repetido sem mudança vai minando a fé na vida e em si mesmo. Acertei alguma coisa?

Sei o quanto dói porque já estive nesse lugar. Já senti o peso de começar do zero, de ser desacreditado, de ter que provar para mim e para os outros que era capaz. Já ouvi pessoas que amo falando que eu quebraria e que era "doido". Cheguei até mesmo a me questionar: "será que vai dar certo?". Ainda assim, escolhi agir. A minha história mostra que não se trata de ter tudo pronto, mas de ter coragem para dar o primeiro passo. Entendo a dor porque vivi momentos assim, aprendi a viver apenas sobrevivendo, sem sonhar.

As pessoas são programadas desde cedo para buscar segurança e estabilidade, não propósito. Muitas cresceram ouvindo que aquilo não era para elas, que era melhor ficar com o certo do que com o duvidoso e que não poderiam errar. Isso gera bloqueios emocionais profundos e uma mentalidade limitada que impede qualquer movimento de mudança.

A nossa sociedade valoriza resultados imediatos e compara o palco dos outros com os nossos bastidores. Isso pressiona, desmotiva e reforça o medo de tentar. Em muitas famílias, falar de propósito ou autoconhecimento ainda é tabu. Em vez de incentivo, o que se ouve é cobrança, julgamento e medo disfarçado de conselho. Isso tudo torna a caminhada ainda mais solitária e difícil.

Por outro ângulo, como pontos que impedem a mudança, há a falta de clareza, a falta de apoio e, principalmente, de confiança em si mesmo. Usualmente, você até sabe que precisa mudar, mas não acredita que vai dar conta. Está cansado de tentar e se frustrar. Precisa de um guia, de um método e de alguém que diga: "Eu já passei por isso, e aqui está o caminho". Sozinho, você até poderia chegar, mas, com orientação, chegará mais rápido e mais forte.

Saiba, portanto, que você não precisa de um recomeço perfeito. Precisa apenas de um passo corajoso com o coração aberto. Existe um caminho para transformar toda dor em força, toda dificuldade em oportunidade e todo obstáculo em impulso. E mais: você pode fazer isso começando do lugar onde está e com o que tem.

A maioria das pessoas espera o momento perfeito para começar: mais dinheiro, mais apoio, mais tempo, mais certeza, mais validação. Mas esse momento perfeito nunca chega. O que muda tudo é o primeiro passo, mesmo com medo, mesmo com dúvidas, mesmo sem tudo pronto. Quando você entende que o propósito nasce da ação, não da espera, tudo começa a mudar e fazer mais sentido.

Obstáculos são parte do caminho, não o fim dele. Ao mudar a mentalidade e agir com coragem e intencionalidade, mesmo um cenário desafiador pode se tornar a base de algo grandioso.

Foi assim comigo. Já que não esperei as condições perfeitas, usei os desafios como degraus e encontrei o meu propósito no meio do caos. Você pode fazer o mesmo, seguindo estes passos:

Passo 1: assuma a responsabilidade e nunca a culpa (autorresponsabilidade)

O primeiro passo é parar de apontar para fora e começar a olhar para dentro. Enquanto terceirizar os seus resultados para as circunstâncias, para o passado ou para os outros, você se manterá preso. A autorresponsabilidade liberta. Não é se culpar, é entender que você pode escolher as suas ações, mesmo em situações difíceis. Quando assumi a responsabilidade pela minha vida, mesmo em meio à pandemia de covid-19 e às dificuldades financeiras, tudo começou a mudar. Parei de esperar e comecei a agir.

Passo 2: dê um passo pequeno, mas decisivo, na direção do seu propósito

Você não precisa de um plano perfeito, precisa de um movimento. Comece vendendo, servindo, aprendendo e perguntando. O seu propósito não cairá do céu, vai se revelar no caminho. Para mim, o meu primeiro passo foi abrir a Natal Óticas mesmo com medo, mesmo sendo desacreditado, mesmo sem garantias. Era o passo que eu podia dar naquele momento, e foi isso que me fez virar a chave. Um passo de fé gera clareza. E clareza gera progresso.

Passo 3: cerque-se de pessoas que alimentam o seu futuro, não o seu passado (mesmo que sejam familiares)

Se você quer mudar de vida, precisa mudar de ambiente. Afaste-se de vozes que puxam você para baixo e aproxime-se de pessoas que enxergam o seu potencial, mesmo quando você ainda não o vê. Foi isso o que eu fiz. Busquei mentores, conteúdos e conexões que me desafiaram a crescer. Você não precisa de plateia, precisa de aliados, de gente que impulsione e lembre que você nasceu para mais. Busque pessoas com valores e princípios aliados com o seu.

Em 2020, no auge da pandemia, foi quando tudo ao redor apontava para o medo, para a escassez e para a retração. Enquanto o mundo inteiro fechava portas, eu decidi abrir uma, a porta da primeira unidade da Natal Óticas. Não tinha garantias, só fé. Não tinha estabilidade, só um propósito muito forte e a responsabilidade de fazer dar certo. Não só por mim, mas pela minha família e pelos meus filhos, que nem tinham nascido, além de por todas as pessoas que ainda cruzariam o meu caminho e que direta ou indiretamente dependeriam de mim.

Tudo começou com uma carta que escrevi para o meu "eu do futuro". Nela, assumi o compromisso de sair da zona de conforto, de parar de esperar um cenário perfeito e agir com o que eu tinha. Eu já estava cansado de viver abaixo do meu potencial. A pandemia serviu como gatilho, não para me fazer parar e pensar, mas para me fazer despertar e agir. Usei tudo o que eu sabia sobre vendas, marketing e comportamento humano, e montei uma estratégia agressiva, ousada e alinhada ao que eu acreditava.

A primeira unidade foi um sucesso. Em pouco tempo, outras vieram. Fui validando, ajustando, melhorando e crescendo. Mas o mais importante não foi o faturamento, foi perceber que o impossível só existe até alguém ir lá e fazer. Hoje, olhando para trás, vejo que aquele passo de fé transformou completamente a minha vida. Não que eu tivesse todas as respostas – e ainda não tenho –, mas tive coragem de dar o primeiro passo, com o coração no lugar certo.

Fiz por mim o que ninguém mais faria. Faça por você o que ninguém jamais fará. Ninguém pode viver essa vida por você. O que está em jogo não é apenas sucesso financeiro ou reconhecimento, é paz de espírito, realização pessoal e uma vida que vale a pena ser vivida. Se não der o passo agora, vai continuar alimentando o mesmo ciclo de frustração e insatisfação. O mundo não vai parar para esperar a sua coragem nascer. Ou escolhe agir, ou você será empurrado pela vida sem direção, como se estivesse levando um caldo de uma onda no mar e não estivesse conseguindo sair de lá.

Por isso, não espere estar pronto. A prontidão não vem antes da ação, ela nasce no caminho. Comece com o que você tem. Use a sua história, a sua dor e a sua verdade como matéria-prima. Você não precisa ser perfeito para começar, só precisa ser intencional. Então, escolha não desistir de você. A única diferença entre quem chegou lá e quem ainda não chegou está na decisão de continuar mesmo quando tudo manda parar. O que chegou lá apenas não desistiu.

O mundo precisa da sua versão mais forte, mais consciente e mais viva. Levante-se. Você não está sozinho. Ainda dá tempo de escrever um novo final, pois você não veio ao mundo apenas para pagar boletos e sobreviver. Existe um propósito maior esperando, e ele começa quando você para de fugir da sua história e decide dar sentido a ela. Tudo que você viveu até aqui não foi em vão. Foi preparação.

Não sou diferente de você. Apenas decidi que a dor que me machucava também poderia me moldar. O que me trouxe até aqui não foi sorte, foi decisão. E você pode decidir também. Acredite: dentro de você existe uma força adormecida que está só esperando a sua permissão para despertar.

Fecho este capítulo com um convite: dê um passo. Só um. Você vai se surpreender com o que acontece quando a fé encontra a ação. A vida que você quer não está longe, está do outro lado da sua coragem.

7

Não falta sorte, falta atitude

É casado e pai de duas filhas, Eloah e Nicole. Empresário há mais de vinte anos, tem amplo conhecimento em tecnologia e tem se dedicado a ajudar novos empreendedores a trilharem o caminho do empreendedorismo, criando soluções práticas e acessíveis para quem deseja começar e prosperar nesse universo.

@ederzuca

©Acervo pessoal

EDER ZUCA

Ficar parado também é uma escolha. E talvez seja a mais perigosa de todas. Porque quando você não se move, o mundo não espera por você. A vida continua, com ou sem a sua decisão. E é exatamente aí que muitos se perdem: esperam a coragem aparecer, o momento certo chegar, a vida mudar sozinha.

A verdade é que as pessoas têm dificuldade de agir, tomar decisões difíceis e dar o primeiro passo. Prendem-se a cenários por obrigação, porque precisam manter certo padrão de vida. O mais curioso é que, muitas vezes, essa vida não é a que realmente querem. Esse padrão pode ser de muito luxo ou de muita simplicidade, não importa. O problema é que falta fé e confiança em si mesmo. Não procuram ajuda, têm vergonha de pedir conselhos. Mesmo quando pedem, não conseguem colocar em prática, porque sentem que vivem um momento do qual não conseguem sair.

O versículo Josué 1:9 diz: "Seja forte e corajoso! Não se apavore, nem se desanime, pois o Senhor, o seu Deus, estará com você por onde você andar". É disso que estou falando. É preciso ter atitude para se arriscar, fé para acreditar e coragem para executar o que está dentro de você. E é nisso que precisamos nos apoiar. Trazer essa força para dentro de nós. Assim podemos resolver muitas das dores que vêm da vontade de permanecer na mesmice.

Além disso, temos o seguinte cenário: no trabalho, é possível estar em uma empresa na qual não se é feliz. Por muitos motivos, você não quer mais permanecer ali. Quer sair, mas não tem coragem, por saber dos compromissos que dependem de você. Nos relacionamentos, essa postura afeta o casamento, a relação com os filhos e muito mais. Quando você não age, começa a se martirizar, fica preso no ciclo de pensar demais no que deveria fazer e não faz nada. É um estado de paralisia que gera estresse, baixa autoestima, dificuldade de se relacionar. Em muitos casos, leva a doenças, ao isolamento e àquela pergunta silenciosa que não cala: "Por que os outros conseguem e eu não?".

Em seguida, a falta de atitude faz você começar a travar em tarefas simples. Você deixa de realizar sonhos e entra em um ciclo de frustração. Reclama que nada dá certo e que a vida não anda, mas não percebe que o maior obstáculo está dentro de você. Sabe qual é o maior problema? É que você se acostumou a não sonhar. Não planeja a própria vida, não alimenta vontades, não pensa em viver experiências extraordinárias nem viagens, conquistas, bens e crescimento. Tudo isso está longe, parece distante demais. Você se contenta com pouco – não porque é grato, mas porque deixou de acreditar que merece mais.

Nesse ponto, entram alguns sentimentos importantes: de pequenez, de que nasceu para ter sempre o que é simples, então não busca abundância. Aos poucos, passa a achar tudo bem permanecer como está, que "a vida é assim mesmo". Os dias vão passando, e você vai aceitando uma existência limitada como se ela fosse predestinada só para isso. Mas esses sentimentos são perigosos. Eles não apenas atrasam, eles paralisam você, impedem a evolução e bloqueiam o crescimento. Deixam você sem forças nem ânimo.

Você se vê nesse cenário? Se a resposta for "sim", eu entendo. Também já tive esses pensamentos. Já deixei de tomar decisões importantes por falta de fé, por não acreditar que poderia dar certo. Fiquei me martirizando em silêncio, pensando demais e agindo de menos. Muitas vezes, não tive atitude, não fui atrás. Preferi ficar na zona de conforto, repetindo para mim mesmo que "já estava bom assim". Evitei me arriscar, deixei de tentar; me calei, me escondi.

No meio desse silêncio, fui deixando para trás coisas que queria fazer, ter, usar, viver e experimentar. Foi difícil sair desse lugar, pois essa inércia cria raízes profundas em nós. Ao mesmo tempo, dentro de mim havia uma chama acesa. Uma vontade de resolver aquilo, de fazer acontecer, de ir para cima, de prosperar, de viver com abundância. E foi essa vontade que começou a mudar tudo.

Em geral, isso acontece por vários fatores. Assim como situações que já aconteceram na sua vida ou estão acontecendo agora, existem ocasiões com a família, os amigos ou relacionamentos que deixam marcas. Não sei exatamente qual é o seu problema neste momento, o que tem causado esse estado em que você se encontra. Muitos desses conflitos têm ligação direta com a família, especialmente com pai e mãe.

Talvez a sua criação não tenha sido das melhores. Talvez você tenha crescido em um ambiente difícil, cercado de limitações, com problemas financeiros; talvez tenha passado por dificuldades reais.

O que muitos não percebem é que nada disso tem a ver com *quem você é*. O que aconteceu pertence ao seu passado, não à sua identidade. Entender isso é se desapegar do que aconteceu. Se o seu problema é com a família, não carregue esse peso com você. A sua família deu o que conseguia dar. Pode não ter sido tudo de que você precisava, mas era o que estava ao alcance deles. Agradeça isso. E, a partir de agora, entenda que é com você. É você quem precisa escrever a sua história, um novo capítulo, formar uma nova família que não precisa repetir padrões, que pode ser diferente.

Para isso, basta seguir os seus princípios, acreditar na sua capacidade e ter a atitude de fazer acontecer. No fundo, você sabe que é isso que deseja. Ao assumir essa responsabilidade, algo dentro de você muda. Você se liberta daqueles sentimentos que aprisionam e passa a ter a coragem necessária para fazer o que precisa ser feito. Você passa a buscar a própria sorte, criar as oportunidades e executar com fé. O resultado é único: atingir os seus objetivos mais extraordinários.

Há quem diga que teve sorte porque algo aconteceu na vida que julga ser resultado do acaso. Não acredito em sorte; acredito em *buscar* a sorte. Perceba que, antes de qualquer momento que você interpretou como sorte, houve uma atitude. Algo foi feito, uma decisão foi tomada, uma ação foi executada. Pense em momentos da sua vida, e tenho certeza de que encontrará essa mesma resposta. Foi essa ação que, depois, recompensou você. O que você chamou de sorte na verdade foi resultado de um movimento seu. Você criou uma oportunidade. E, quando essa oportunidade chegou – consequência direta da atitude –, precisou agir com fé.

É exatamente nesse movimento que quero chegar. Se você der esse passo, se agir, criará oportunidade. Quando ela chegar, você precisa aproveitá-la. A oportunidade precisa ser executada, cultivada e colocada em prática. É necessário dar atenção, se dedicar e abraçar com força, porque oportunidades assim não aparecem a todo momento. Tudo isso precisa ser feito com fé, com a certeza de que é você quem constrói o que muitos chamam de sorte.

Por esse motivo, para ajudá-lo a estar mais preparado e aproveitar o que vier, elaborei alguns passos-guia. Siga-os com fé!

1. O seu momento atual

Para fazer acontecer de verdade, é necessário que você observe o seu momento atual. O que está acontecendo? Entenda em qual ponto você está e olhe para onde quer ir. Não visualize algo muito longe, distante da sua realidade atual, e sim algo mais perto, que é alcançável e poderá ser atingido.

2. Tome uma atitude

É hora de pensar na atitude que precisa ser tomada para chegar lá, aquela que você não teve coragem de tomar até agora. Lembre-se do que está escrito na Bíblia, em Josué 1:9: "Seja forte e corajoso! Não se apavore, nem se desanime, pois o Senhor, o seu Deus, estará com você por onde você andar". Com isso em mente, dê o primeiro passo. Faça o que precisa ser feito. Não será fácil, tampouco acontecerá rápido, mas tenha resiliência e não pare.

3. Visualize o amanhã

Esqueça as pessoas que estão ao seu redor enquanto toma atitudes. Não preste atenção no que pensam ou falam. Não dê atenção ao seu passado, esqueça o que ficou lá. Pense apenas no amanhã, no resultado que quer atingir. Nesse momento, você estará criando a sua oportunidade, e algo vai acontecer, algo vai chegar, e você pode até não entender, mas vai sentir que está no processo.

4. Abrace a oportunidade

Quando a oportunidade finalmente chegar, não a perca de vista, porque ela não se repetirá. Abrace-a e largue tudo o que está prendendo você. Abdique de tudo por um tempo para agarrar a oportunidade que está à sua frente.

5. Coragem de mudar

Tenha coragem de mudar e seguir em frente. Esse é o momento da execução, de colocar a mão na massa e correr atrás do que você precisa. Peça conselhos e ajuda para as pessoas mais próximas e experientes, mas faça isso apenas com aquelas que já chegaram aonde você gostaria. Essas são as que terão prazer em ajudar, porque vão perceber a sua atitude e a sua perseverança e vão oferecer conselhos valiosos.

Não pare jamais, porque novas oportunidades vão acontecer.

6. Enfrente os desafios

Se algo der errado, não se apavore – é normal. Tenha calma, pense, olhe para os lados, veja as opções de resolução e faça ajustes. Se necessário, mude de rota. Não há problema nisso. Essa é apenas uma mudança que você está executando.

7. Busque aprimoramento

Deixo como indicação para buscar aprimoramento a leitura do livro *O homem mais rico da Babilônia*, de George S. Clason, que ensina como um simples homem pobre e sem recursos, vindo de uma família muito humilde, conseguiu conquistar o extraordinário fazendo o simples, porém com grande proporção de resultado. Depois que li essa obra, muita coisa mudou na minha vida, como a maneira de agir com o meu dinheiro e com as pessoas ao redor e de lidar com a prosperidade. Sinto que passei a transbordar.

Hoje, tenho 41 anos. Já vivi momentos bons e ruins, mas sempre fui uma pessoa de atitude. Quando penso em algo e vejo valor, tomo a iniciativa e coloco em prática, mesmo correndo o risco de dar errado – e muitas vezes deu errado. Com o tempo, aprendi o que não posso mais fazer, porque já sei que não funciona. Isso não significa que nunca mais vou errar, mas que vou aprender cada vez mais com esses erros.

Um momento específico que gostaria de compartilhar aconteceu quando fiz uma mudança de rota na minha vida empresarial. Tive uma companhia que cresceu por um bom tempo, mas teve problemas no caminho, o que resultou em queda. Ali, sinto que fui atrás da sorte. Trabalhei em uma nova oportunidade por meses, mesmo sabendo que poderia dar errado, porém as chances de dar certo eram muito maiores. Quando a oportunidade finalmente chegou, eu a abracei com força e executei com muita fé e dedicação. Hoje, essa nova rota é dez vezes melhor que a outra empresa.

Entende o poder que há em ter atitude e coragem para criar oportunidades?

Para mim, foi um momento muito impactante, porque eu tinha uma empresa com bom faturamento em uma sala alugada de 200 metros quadrados. O mercado era promissor, estava crescendo e eu tinha construído muitas coisas na minha vida pessoal. Vivia uma vida plena, comia em bons restaurantes, viajava e não tinha grandes questões com dinheiro.

Nisso, percebi que nada é constante nem para sempre. Diversas situações fizeram o faturamento cair, até que as demissões precisaram acontecer. Eu não tinha mais salário, vivia só para pagar as contas atrasadas. Estava devendo meses de aluguel. Vivia no limite. As mordomias foram embora, vendi um dos meus carros para pagar dívidas e entregamos o imóvel da empresa. A solução foi ficar em home office com apenas dois colaboradores.

Lembro-me de que olhava para aquilo e pensava: *Preciso encontrar uma solução. Preciso fazer algo*! Eu precisava de uma saída. Foi aí que resolvi colocar em prática uma ideia que já tinha e tomei a atitude de dar o primeiro passo. Se desse errado, eu teria que fechar tudo. Fiquei quase três meses fora da empresa desenvolvendo uma nova plataforma de negócios. Com a primeira versão pronta, ofereci para o mercado, e deu certo. Tão certo que hoje é muito maior do que a empresa antiga. Na verdade, pivotei o meu negócio e transformei um produto da empresa antiga em uma empresa nova. Com isso, hoje o meu estilo de vida é muito melhor também.

Isso só aconteceu porque tive atitude, além de acreditar e executar com muita fé. É nesse ponto que mora a importância de tomar decisões difíceis, porque são elas que nos levam a outros patamares. São elas que mudam o nosso rumo, que nos tiram da inércia. Por isso você precisa ter coragem. Coragem de abandonar algumas coisas, deixar outras de lado e se dedicar ao desafio. Não vai ser fácil, então não desista, porque o resultado chega, se você estiver se movendo.

Pessoas vão tentar parar e desanimar você. Elas não vão ligar para o que você está querendo fazer. Vão desencorajar você. É delas que você precisa ficar longe. Com elas, não fale mais sobre o seu objetivo. Fale com pessoas que vão ajudar a levar tudo para frente, que vão trazer ideias, mesmo que não sejam perfeitas, para tentar complementar o que você está fazendo.

Você não pode desistir facilmente, porque merece ter a vida que quer, merece mais. Pense no quão bom isso pode ser se der certo. Pense na sua família, no seu cônjuge, nos seus filhos, em todas as pessoas ao seu redor e como elas serão impactadas pelo seu sucesso. Observe quanto você pode prosperar e transbordar na vida das pessoas com a sua atitude. Não fique na escassez, na mesquinharia, deseje algo muito maior. Lembre-se: se você der certo, muita gente que você ama também vai dar.

Uma das coisas mais desafiadoras para muitos é lidar com pessoas. Conhecer gente nova, se relacionar com pessoas diferentes, fazer conexões e criar uma rede. Confesso: eu sou péssimo nisso. Tenho poucas amizades, mas que são verdadeiras. E o que aprendi com o tempo é que são as pessoas que nos ajudam a chegar aonde sonhamos. Não porque vão pegar na nossa mão e fazer por nós, mas porque vão mostrar um norte, abrir a nossa mente, nos tirar de ciclos ruins, de relacionamentos que só puxam para baixo. Por isso, o meu conselho é: faça esse esforço. Mesmo que seja difícil, vá assim mesmo. Vá com fé. Peça para que Deus apresente os amigos d'Ele para você.

Seja grato, sempre. Agradeça tanto o sucesso quanto as dificuldades. Abençoe todos que, de alguma forma, direta ou indiretamente, cruzam o seu caminho. Transborde. Ajude pessoas do seu jeito. Cada um pode contribuir com algo. Eu escolhi ajudar da minha maneira e tornei isso um propósito de vida. Não ajudo só quando é possível, faço com compromisso. Quanto mais você faz, mais volta para você. Isso eu posso garantir.

Busque sua sorte, crie sua oportunidade e execute com fé.

NÃO SE TRATA APENAS DE VENCER, MAS DE SE TORNAR ALGUÉM QUE VENCE COM PROPÓSITO.

JEAN VALÉRIO

PROPÓSITO EM CADA PASSO

8

A coragem de dar o primeiro passo

Empreendedor visionário e multifacetado, com atuação no Brasil e no exterior. Enfermeiro por formação, graduou-se em Marketing por paixão e tornou-se referência em posicionamento digital, vendas e desenvolvimento de negócios, em áreas como saúde, tecnologia, educação e eventos. É CEO do Grupo Farias e Andrade e das empresas A2 Soluções Digitais, A2 Marketing e Publicidade, A2 Edu, Revista *Destaque do Nordeste*, Prime Lavanderias, Alavanke Marketing e Eventos, Emprega Já, Dubai Business Experience, Imersão Empresarial Internacional e Alavanke Consultorias e Treinamentos. Seu trabalho já impactou centenas de pessoas e negócios, principalmente no Nordeste, com treinamentos, mentorias e consultorias. Comunicador nato, é autor de *O futuro das vendas: como usar o marketing digital para superar a concorrência* (Editora Impacto, 2024).

@jonathanfariasas

©Felipe Santos

JONATHAN FARIAS

Muitos de nós já enfrentamos uma dificuldade importante, que é acreditar no próprio potencial, especialmente quando não temos apoio ou viemos de contextos sociais desfavorecidos. A sensação de estar sozinho, sem direção e sem referências concretas, é paralisante. Gera frustração, medo e uma profunda estagnação. E quando essa realidade se soma à pressão por resultados imediatos e à comparação constante com histórias irreais nas redes sociais, o efeito é ainda mais nocivo: nos sentimos insuficientes, pequenos e impotentes diante das possibilidades.

Se já sentiu isso, saiba que não está sozinho. A minha intenção, neste capítulo, é justamente mostrar a você que é possível começar pequeno – com propósito e visão clara – mesmo sem dinheiro, sem estrutura e sem garantias. Mostrar que não é mais necessário sentir a dor de que empreender não é para você. Essa crença, enraizada em muitos, limita não só a autoestima, como também as decisões profissionais, os relacionamentos e a confiança no futuro.

Já vi inúmeros jovens desacreditados apenas por sonharem diferente. E isso me revolta. Me revolta também ver aqueles que possuem enorme potencial desistindo no meio do caminho por falta de orientação prática. É por isso que escolhi este tema para o capítulo, pois quero que você entenda que, com estratégia, foco e persistência, qualquer ideia pode sair do papel e se tornar uma realidade concreta, assim como aconteceu comigo. Então, mais do que ensinar técnicas, o meu objetivo aqui é mostrar que a verdadeira virada começa na *mente*. Quando você entende, de verdade, que não precisa esperar o "momento perfeito" para agir, começa a criar a própria chance de dar certo. Para isso, é preciso começar. Com o que você tem, de onde você está e do jeito que é.

Enquanto nada é feito, contudo, entra-se em um grande ciclo de frustração e paralisia. Quanto mais você adia o início, mais distante os seus sonhos ficam. Com isso, você começa a se conformar com uma vida abaixo do que realmente merece. O tempo passa e as oportunidades vão escapando, enquanto outros avançam, o que gera insegurança, ansiedade e até outros problemas emocionais.

Perceba que não temos mais como negar ou evitar: o mundo mudou. Hoje, quem não age com propósito e estratégia fica para trás. Para tanto, é óbvio, falta direção, um plano claro e, principalmente, acreditar que se é capaz. Você é capaz. E, enquanto não resolver isso, seguirá vivendo no piloto automático, adiando o seu potencial e desperdiçando ideias que poderiam mudar a sua história.

É por isso que quem está preso a esse problema costuma viver uma mistura de frustração e impotência. A cada ideia que não sai do papel vem o sentimento de que "nunca vai dar certo". Você começa a se sentir um impostor, desacreditando do próprio valor. Acorda cansado, mesmo sem ter feito muito no dia anterior, porque o peso emocional do "não saber por onde começar" esgota qualquer motivação.

Outro sentimento comum é a comparação: ver pessoas da mesma idade conquistando espaço enquanto você continua estagnado. Há a vergonha de expor os próprios sonhos, por medo do julgamento ou por já ter tentado antes e ter "quebrado a cara". E não resolver isso envolve um custo alto, pois perde-se tempo, oportunidades e, aos poucos, perde a própria essência.

Quando penso no motivo pelo qual isso tudo tem acontecido, percebo que as pessoas têm essa dificuldade, em grande parte, porque nunca foram ensinadas a acreditarem em si mesmas. Desde cedo, ouviram frases como "isso não é pra você", "melhor não arriscar" ou "vá procurar algo mais seguro". A primeira influência negativa vem, muitas vezes, da própria família, que, mesmo com boas intenções, projeta os próprios medos no outro.

Outro agravante importante é o ambiente social, que valoriza apenas os grandes resultados e desconsidera os pequenos começos. Isso gera um bloqueio e você acha que precisa ter tudo pronto para começar, quando na verdade só precisa dar o primeiro passo. Um dos principais motivos que o impedem de agir é a falta de acesso a informações práticas, já que ninguém ensinou você como transformar uma ideia em ação. Por fim, a pressão pela perfeição paralisa, mas isso tudo não é culpa sua, e sim do sistema que não prepara ninguém para sonhar com coragem e agir com estratégia.

Para dar esse primeiro passo, muitas pessoas esperam as condições perfeitas: mais dinheiro, mais tempo e mais apoio. Mas a verdade é que a ação vem antes da confiança, e não o contrário. A consistência de pequenos passos conscientes é o que constrói grandes mudanças. Você não precisa ser um especialista para começar, apenas precisa de clareza, estratégia e disposição para aprender com o processo. A transformação começará quando você entender que errar faz parte do processo e que nenhum começo precisa ser grandioso, só precisa ser real.

Assim, quero guiá-lo por um método que une visão prática com atitude, acabando a falsa ideia de que sucesso é privilégio de poucos. É para quem age, mesmo com medo.

Passo 1: aceite o ponto de partida e a jornada que vem com ele

O primeiro passo para transformar obstáculos em oportunidades é aceitar o lugar onde você se encontra como ponto de partida. Não interessa o quão longe ou perto você esteja dos seus objetivos; o importante é começar de onde está, sem esperar as condições perfeitas.

Essa aceitação permite que você transforme a sua insegurança em motivação. Ao reconhecer as suas limitações e os desafios à sua frente, você ganha controle sobre a sua jornada e começa a quebrar o ciclo de frustração. Esse passo é aplicado na sua vida quando você para de se comparar com os outros e de esperar as circunstâncias ideais.

Defina onde você está agora e se pergunte: "O que posso fazer hoje para começar a mover as peças?". Se tem uma ideia ou um projeto, comece com pequenas ações, como desenhar um plano de ação básico, listar os recursos necessários ou procurar as primeiras referências. O importante é não esperar e começar.

Passo 2: transforme pequenos fracassos em aprendizado constante

Quando começar, inevitavelmente você enfrentará obstáculos, e esse é o momento de aprender com eles. Em vez de ver os erros como falhas, aprenda a vê-los como feedbacks que vão moldar o seu crescimento.

Cada obstáculo é uma oportunidade disfarçada, algo que vai agregar valor ao longo da jornada. O segredo aqui é a persistência. A transformação acontece quando você encara o fracasso como parte do processo, não como um fim.

Assim, para aplicar esse passo na sua vida, primeiro adote a mentalidade de crescimento. Sempre que algo der errado, em vez de se frustrar, pare para refletir: "O que aprendi com isso? Como posso usar essa experiência para melhorar?". Essa atitude é vital para criar um ciclo constante de melhoria. Mas lembre-se: o fracasso não é a prova de que você não tem capacidade, e sim a prova de que está tentando, crescendo e se aprimorando.

Então, adote também uma mentalidade de ação. Um erro comum de muitos é o medo de dar o primeiro passo. Use a pergunta "O que posso fazer agora?" e aja. Coloque em prática cada aprendizado, sempre com um foco claro nos resultados de longo prazo. Toda vez que superar um pequeno desafio ou aprender com um erro, você estará mais perto da vida significativa que deseja alcançar.

Tudo o que contei anteriormente vivi na prática. Para mim, o momento mais decisivo em que apliquei este método foi quando decidi lançar a minha primeira empresa, o Grupo Farias e Andrade Empreendimentos. No início, não tinha o capital ideal, a estrutura necessária nem o apoio de grandes investidores, o que fez com que eu me sentisse inseguro e até um pouco paralisado. No entanto, com a pressão de querer fazer acontecer, percebi que não poderia esperar as condições perfeitas e precisava agir, mesmo com as limitações que tinha naquele momento.

Para isso, o meu primeiro passo foi dar início ao projeto com os recursos que tinha disponíveis. Isso significava começar com um orçamento bem enxuto, mas com muita clareza sobre o que eu queria alcançar. Usei esse orçamento para desenvolver a base do meu negócio: contratei uma equipe pequena e muito talentosa, e comecei a planejar eventos e feiras, mesmo que as primeiras experiências não fossem perfeitas.

Ao enfrentar obstáculos, como a falta de experiência em alguns aspectos do evento e a escassez de recursos financeiros, percebi que os problemas não eram barreiras intransponíveis. Em vez disso, se olhasse para esses obstáculos como oportunidades para aprender, poderia transformá-los em passos para o crescimento. Aprendi rapidamente como negociar melhor com fornecedores, lidar com a logística de eventos e melhorar a minha comunicação com os clientes.

Vale comentar, ainda, que um momento particularmente revelador foi quando enfrentamos um grande contratempo: um evento importante que estávamos organizando enfrentou imprevistos logísticos. Em vez de desanimar, transformei aquilo em uma oportunidade de crescimento, contratando um mentor para me ajudar a refinar o planejamento e a gestão do negócio. Ele me ensinou a otimizar o fluxo de trabalho, usar a criatividade para contornar as dificuldades financeiras e, mais importante, lidar com o fracasso de modo construtivo. O resultado foi que a minha confiança cresceu exponencialmente – e o sucesso não veio da noite para o dia, mas de modo consistente.

O Grupo Farias e Andrade cresceu aos poucos, com uma base sólida, e em pouco tempo conseguimos organizar eventos de grande porte, com um impacto significativo no mercado. Isso me mostrou que a verdadeira chave do sucesso não estava em ter tudo perfeito no início, e sim em aprender com cada erro e manter a consistência. O método funcionou porque a ação constante, com a disposição para aprender e se adaptar, foi o que realmente gerou os resultados.

Sendo assim, aplicar esse passo a passo não foi uma escolha, foi uma necessidade. Sem ação consistente, nada vai mudar. Esse é o caminho que torna o sonho possível, porque, sem ele, o potencial fica estagnado em ideias e intenções. A verdadeira transformação acontece quando a teoria se encontra com a prática, e isso pede uma escolha consciente de não esperar perfeição e agir com o que se tem agora. O caminho vai exigir paciência e resiliência, e é por meio de cada pequena ação que você verá o seu resultado sendo construído. Não é uma questão de sorte, é uma questão de esforço constante, aprendizado e adaptação. Se você não agir, a vida continuará do mesmo jeito, com os mesmos desafios e limitações.

O meu conselho final é este: não subestime o poder do primeiro passo. Muitas vezes, o que impede você de avançar não é a falta de capacidade, mas o medo de não ser bom o suficiente ou de não ter tudo de que precisa para começar. Mas a realidade é que o "começo" é tudo de que você precisa. O primeiro passo coloca você em movimento, e o movimento gera aprendizado e oportunidades que antes pareciam distantes. Comece agora. Faça algo pequeno, mas significativo, hoje mesmo. Isso vai aproximar você do seu objetivo mais do que qualquer planejamento perfeito.

Sei que esse caminho pode parecer difícil e os desafios podem parecer grandes demais para superar. Mas se lembre de algo muito importante: você já chegou até aqui. Isso mostra que você tem coragem e o potencial de fazer a diferença. Eu já passei pelos mesmos medos e inseguranças e posso garantir que o sucesso não é ter todas as respostas, mas sim persistir. Cada vez que você decide continuar, mesmo diante da dificuldade, está mais perto de alcançar o que deseja. Não deixe que um obstáculo paralise você. Quando continuar, vai se surpreender com o que é capaz de conquistar. Você já está mais perto do que imagina.

Não espere as condições perfeitas, porque elas não vão chegar. O momento perfeito é agora, com os recursos que você tem e o compromisso que você assume consigo mesmo de seguir em frente, independentemente dos obstáculos.

Os maiores sonhos são realizados por aqueles que persistem, mesmo quando os resultados não aparecem imediatamente. Acredite, pois o processo de crescimento é tão valioso quanto a conquista final.

A partir de agora, você está no controle da sua jornada. Cada passo dado hoje é um tijolo na construção do futuro que você quer. Por isso, dê o próximo passo agora mesmo. Eu acredito em você, e, mais importante ainda, você precisa começar a acreditar em si mesmo.

O seu futuro começa hoje. O que você faz agora é o que vai moldar a sua vida.

9

Problemas podem ser degraus

É mecânico e fundador da Jarauto Embreagens, com mais de trinta e cinco anos de história no mercado. Fez 28 cursos técnicos de mecânica e sempre se dedicou ao máximo para ser excelente naquilo que se propôs a fazer. Mesmo sem ensino formal completo, transformou o conhecimento prático em autoridade. Superou grandes perdas e recomeçou com coragem. Hoje, é mentorado de Marcus Marques e membro do Acelerador Empresarial. É a prova de que obstáculos são oportunidades disfarçadas.

@embreagensjarauto

©Bernardo Coelho

JARA NOBREGA

Muitas pessoas se sentem travadas por não terem uma formação acadêmica; acreditam que não são capazes simplesmente porque não têm um diploma. Outras vivem presas à comparação, convencidas de que só conseguirão ter sucesso se seguirem exatamente o mesmo caminho que outros trilharam. Há ainda quem tenha vivido perdas ou traumas profundos e, por isso, acredite que não tem mais força para recomeçar. Tudo isso acaba gerando bloqueios emocionais profundos.

É aquela dor que bate por sentir que nunca é suficiente porque não seguiu o caminho tradicional, que vem acompanhada de uma sensação constante de estar atrasado em relação aos outros, como se estivesse sempre correndo atrás da vida, sem jamais conseguir alcançá-la. É a frustração de viver uma vida que não representa o próprio potencial, por medo de ousar ou por falta de incentivo.

No campo emocional, isso cria insegurança, baixa autoestima e medo de se expor. Nos relacionamentos, afasta pessoas, provoca conflitos e leva ao isolamento, que é alimentado por uma vergonha silenciosa de si mesmo. No campo profissional, bloqueia o crescimento, freia a inovação e paralisa a tomada de decisões, fazendo aceitar menos do que merece.

É muito doloroso ver pessoas com dons incríveis desistirem porque ouviram, em algum momento, que algo não é para elas. Ver pessoas talentosas se limitando à opinião da família ou de amigos, que, muitas vezes, não querem vê-las crescer por medo de perdê-las. Ver empresários brilhantes estagnarem porque não se permitiram ser diferentes, porque escolheram se encaixar no padrão em vez de criar o próprio.

Não dá mais para viver esperando a aprovação dos outros. O tempo de agir é agora, pois a falta de ação se manifesta no acúmulo de frustrações. Aos poucos, você pode começar a questionar o valor da própria existência, sentir o peso do cansaço emocional por viver tentando agradar ou se provar o tempo todo e, por fim, pode ser tomado pelo sentimento de estagnação, quando vê os dias passando e percebe que não está construindo nada realmente significativo.

Em outra instância, acredito que você sente falta de reconhecimento. Você quer ser visto, valorizado, mas não consegue se posicionar com firmeza. Falta liberdade para tomar decisões com autonomia e confiança, além de paz interna, porque você vive se cobrando, tentando se encaixar em papéis que não representam quem você realmente é.

O resumo, portanto, é: frustração constante, como se tudo o que você fizesse nunca fosse o suficiente; sentimento de invisibilidade, de não ser notado nem por si mesmo; e cansaço de tentar e não ver resultado, o que pode levar à desistência. O resultado é se sentir cada vez mais incapaz e começar a se autossabotar. Perde-se tempo, oportunidades e, o que é pior, perde-se a fé. Você observa os outros avançando enquanto permanece no mesmo lugar, criando um ciclo de desmotivação e arrependimento.

Muitas pessoas enfrentam essa dificuldade porque foram ensinadas, desde cedo, a depender da aprovação dos outros. Cresceram acreditando que só teriam valor se fossem validadas externamente. Além disso, carregam a crença de que não são capazes por não terem a formação considerada "certa", como mencionei no início. Para algumas, existe ainda um medo silencioso de que, ao crescer demais profissionalmente, acabem perdendo pessoas importantes, como se o sucesso as afastasse de quem amam.

A situação se agrava ainda mais por influências externas. Há uma pressão social constante, reforçada por frases como "sem faculdade, você não chega a lugar nenhum". Muitas vezes, amigos e familiares, ainda que inconscientemente, projetam os próprios medos e inseguranças, desestimulando qualquer tentativa de mudança. Soma-se a isso uma cultura que valoriza mais a aparência e os títulos do que o caráter e a entrega real, e isso mina ainda mais a confiança de quem está tentando romper padrões.

Diante disso, você sente que não consegue resolver esse problema por conta própria. Vê a si mesmo paralisado por crenças limitantes como a ideia de que "não adianta tentar". Sente falta de exemplos reais de superação, que pareçam possíveis, próximos e inspiradores. Acima de tudo, o medo pode dominar: medo do julgamento, do fracasso, de ser ridicularizado por tentar ser diferente ou sonhar mais alto.

Eu sei de tudo isso porque passei por esses pontos. E venci. Sei que é possível sair do fundo do poço, mesmo sem diploma ou grandes recursos. Para mim, esse momento de superação pessoal pode ser resumido em: quando você enfrenta o problema, ele vira degrau; quando foge, ele vira corrente. Simples assim.

A transformação não começa quando tudo está bem, e sim quando paramos de correr da dor e começamos a usá-la como base. Aprendi que fugir do problema só adia a solução. Quando encarei o que mais me doía, encontrei força nos lugares em que achei que não tinha. Foi assim que reconstruí a minha vida, porque é a coragem de agir, mesmo ferido, que separa quem apenas sobrevive de quem vive com propósito.

Espero, portanto, que você passe a se enxergar com mais valor e menos comparação. Assim, vai entender que o passado não define o futuro e que qualquer um pode recomeçar. Vai se tornar protagonista da própria vida e usar tudo o que viveu como combustível para prosperar. Faça isso a partir dos passos a seguir:

Passo 1: reconheça onde você está

Assuma o seu ponto de partida, sem vergonha nem culpa.

Passo 2: defina aonde quer chegar

Tenha um objetivo claro, com prazos realistas e metas pequenas.

Passo 3: procure mentores e referências

Aprenda com quem já trilhou o caminho e conseguiu chegar aonde desejava.

Passo 4: forme uma rede de apoio

Cerque-se de pessoas que acreditam no seu potencial.

Passo 5: pratique a consistência

Faça um pouco todos os dias, mesmo que ninguém veja.

Para aplicar e fazer isso tudo dar certo é preciso ter disciplina e humildade para aprender com quem já sabe. É preciso também encarar os medos e entender que eles não definem o seu destino, assim como cuidar da mente e das emoções para sustentar o processo com equilíbrio. Faça isso criando uma rotina de desenvolvimento, com leitura, capacitação, metas e acompanhamento. Assim estará rompendo com padrões antigos de autossabotagem e limitadores, e mantendo o foco, mesmo diante de críticas, incertezas ou comparações.

Passo bônus

O Acelerador Empresarial, conduzido por Marcus Marques, foi um divisor de águas na minha jornada. Lá, aprendi o valor do posicionamento, do processo e do grupo. Assim, se você quer crescer, aproxime-se de quem pensa grande. Participe de mentorias, leia bons livros e ouça quem já construiu impérios. Informação é tudo, mas a decisão de mudar só depende de você.

Não vou mentir e dizer que será fácil, pois não foi para mim e tampouco será para você. Nasci em uma família simples, com onze irmãos. Estudei até o terceiro ano do primário e passei cinco anos no primeiro ano. Muitas pessoas diziam que eu não tinha jeito, que era burro, mas nem isso nem a falta de diploma me impediram de construir uma vida que hoje me enche de orgulho. Nunca fui o mais inteligente da turma, mas fui o que mais sonhou. E o que agiu.

Comecei como cobrador, depois fui motorista e logo entrei na empresa da minha família como mecânico. Ali, decidi que queria ser o melhor profissional da minha área. Fiz 28 cursos técnicos em mecânica, incluindo formações na Mercedes. Trabalhei duro por quase trinta anos até que decidi empreender. Fui para Brasília, voltei para Natal e fundei a Jarauto Embreagens. Estamos no mercado desde 1990.

Mas nem tudo são flores. O maior desafio da minha vida aconteceu em 2010, quando sofri um acidente de carro e perdi a minha esposa, o meu neto de apenas 13 anos e dois funcionários queridos. Sobrevivi sem nem um arranhão, mas com a alma em pedaços. Voltei para casa de madrugada, coberto de terra e, mesmo assim, na segunda-feira, reuni os meus filhos e disse: “A empresa não pode parar. Isso aqui era o sonho da sua mãe". Dividi as empresas com eles, então cada um assumiu uma responsabilidade e uma unidade da companhia.

Hoje, a Jarauto é uma empresa familiar, viva, que segue crescendo. Fundamos filiais em Natal, Belém, São Luís, Teresina, Mossoró, João Pessoa e Recife. Mesmo sem muito estudo, sempre me especializei. Nunca tive dificuldade de entender, de interpretar. A minha memória sempre foi a minha maior aliada. Faço tudo com perfeição e com um diferencial: faço com amor.

Muita gente me pergunta: "Qual é o segredo?". A minha resposta: **acreditar**. Isso não significa que não errei. Muito pelo contrário. Errei principalmente com o meu filho mais novo, em quem depositei toda a minha energia, enquanto brigava com os outros. Hoje, entendo que deveria ter equilibrado mais, olhado para as diferenças entre eles e como eram importantes para a grandeza do que estávamos construindo. Pessoas iguais não fazem diferença, e a maioria das pessoas vive ouvindo conselhos errados, até de quem ama. Amigos, pais e irmãos... muitos nos freiam por medo de nos ver mudando, e é preciso ter coragem para deixar essas vozes para trás e ouvir a própria intuição.

Além disso, existiu outro divisor de águas em minha história: ter conhecido Nelson Braga. Ele foi o meu primeiro mentor e me levou para patamares mais altos. Com ele, fui para feiras em São Paulo e depois para a Alemanha. Ele dizia que poderíamos até passar fome, mas estava sempre inventando alguma "muganga" para continuar. Mais recentemente, encontrei Marcus Marques, que me ajudou a enxergar com clareza o que já estava dentro de mim. Com ele, estruturei melhor os meus processos e a minha equipe, e posicionei a Jarauto como uma das dez melhores empresas do país no nosso segmento.

Nunca tive plano B, vivi toda a minha vida focado apenas no plano A. Sempre acreditei que ia dar certo. E deu. Sou prova de que as pedras do caminho podem virar degraus e de que o conhecimento sem ação vira peso, e não transformação. A mudança real exige constância, e não só empolgação inicial. O mundo precisa de pessoas que assumem o próprio chamado, e não que esperam a vida acontecer.

Então, acredite em você antes de esperar que alguém acredite. Faça o que é possível hoje, mesmo que pareça pouco. Não espere ter tudo para começar. Comece com o que você tem. Lembre-se de que a desistência só adia o sofrimento, porque não o resolve. E pense em quem você pode inspirar se vencer, veja o que já superou até aqui, não foi por acaso.

Sendo assim, se você está lendo este capítulo e se sente pequeno por não ter estudo, apoio ou condição, atente-se a isso: é possível. Faça um plano, divida-o em metas pequenas, procure boas companhias, pare de ouvir quem não constrói nada e comece a ouvir quem já venceu batalhas parecidas com as suas.

A vida tem pesos, sim, mas também tem uma grandeza que só quem insiste conhece. As mesmas pedras que hoje machucam os seus pés podem, amanhã, se transformar nos degraus da sua vitória. Sei disso porque caminhei por elas. E você também pode.

Agora é sua vez.

10

Conhecimento, pessoas e ambientes

É jornalista, empreendedor serial, investidor-anjo e especialista em marketing, gestão e networking. CEO do Fórum Negócios, o maior evento de empreendedorismo do Norte e Nordeste, presidente do LIDE-RN (Grupo de Líderes Empresariais do Rio Grande do Norte) e considerado um dos maiores experts em networking e aceleração de negócios do Brasil. Também é sócio fundador do Grupo Acarta, que congrega empresas de comunicação, eventos, jornal, agência e mídias.

@jean_valerio @forumnegocios @lide.rn

©Humberto Lopes

JEAN VALÉRIO

Vamos falar sobre obstáculos? Imagino que os maiores obstáculos enfrentados por você, neste momento, provavelmente não são técnicos, são *internos*. Mentalidade fixa, crenças limitantes e a ausência de um ambiente que impulsione o crescimento são alguns dos vilões. Muitas vezes, você está cercado por pessoas que não inspiram você, preso a uma rotina que suga sua energia e exposto a conteúdos que mais confundem do que capacitam. Além disso, sei que você pode até ter boas ideias, mas falta clareza sobre o caminho, falta método e estratégia. Faltam também referências e uma rede que puxe você para cima, para que você pare de sabotar qualquer plano.

Há, ainda, a dor de não alcançar o próximo nível. A frustração de saber que poderia estar mais longe, enquanto se sente travado, preso e impotente. O peso de trabalhar muito e ver poucos resultados, além da sensação de estar correndo quando, na verdade, está parado no mesmo lugar – mesmo porque não basta apenas esforço, é preciso *direção*.

Isso tudo corrói a vida em silêncio e impacta o emocional, a autoestima e a saúde mental. Você se sente insuficiente, começa a duvidar do próprio valor e se distancia de sua essência. No campo familiar, não consegue proporcionar a vida que sonhou para os filhos ou o companheiro, ficando com a culpa e o ressentimento. No trabalho, se acomoda ou se sabota. E, pior, passa a viver no modo sobrevivência, sem brilho nos olhos e sem entusiasmo. "Estagnação" é a palavra, e ela vira um bloqueio pessoal.

Isso tudo é o que eu acredito que pode estar acontecendo por aí e fico indignado ao ver pessoas talentosas desperdiçando potencial por medo de arriscar. Já vi empresários brilhantes paralisados porque acreditaram que não tinham o perfil para determinadas conquistas. Fico me perguntando, inclusive, como é possível que tantas pessoas tenham acesso à internet, a conteúdos valiosos, a eventos e mentores, e permaneçam fazendo tudo sozinhas, no improviso. A verdade é que falta coragem, falta compromisso e, eu diria, falta a *humildade* para aprender.

À vista disso, depois de anos liderando empresas e desenvolvendo líderes em todo o Brasil pelo Fórum Negócios, posso dizer que descobri uma verdade incômoda: todos podem ir além, mas nem todos estão dispostos a pagar o preço. O problema não é ausência de oportunidade. O problema é que muitos se sabotam antes mesmo de tentar e nem percebem que a vida não espera.

Cada decisão adiada significa abrir mão de viver com mais propósito, mais liberdade e mais resultado. Essa procrastinação tem um custo alto, financeiro e emocional. E o tempo perdido não volta, as oportunidades passam e os sonhos que não são cultivados "murcham". Passar o tempo apenas sobrevivendo não é mais uma opção.

Não dá mais para fingir que não viu, não dá para continuar adiando decisões importantes, empurrando sonhos para depois, terceirizando a responsabilidade pelo próprio progresso. Então olhe à sua volta e perceba o peso de quem espera seu progresso: sua família, seus filhos, seu cônjuge e seus colaboradores. Eles confiam em você. Torcem por você. Precisam que você assuma o protagonismo de sua história.

Agora, olhe para sua vida. Você já imaginou como ela poderia ser diferente? Hoje, sei que falta *tempo* porque você está sempre apagando incêndios; falta *liberdade* porque é escravo da própria operação, dos boletos e da rotina; falta *sentido* porque, mesmo trabalhando duro, não se sente realizado. São essas faltas que vão sufocar você em silêncio e impedir que aproveite a vida, que veja os filhos crescerem, que faça aquela viagem dos sonhos, que comemore vitórias que realmente importam.

Saiba, portanto, que a raiz desses problemas não está no trabalho em si, mas no modo como você está se posicionando diante da vida. E resolver isso não é luxo, é necessidade, é o passo que separa uma vida de esforço constante de uma vida de abundância, controle e significado.

Sei de tudo isso. Não estou escrevendo de um palco, e sim do campo de batalha da vida real. Já passei noites em claro sem saber como pagar as contas. Já tive crises internas profundas por não ver o resultado que esperava, mesmo entregando tudo de mim. Já senti a dor de trabalhar como um louco e, mesmo assim, continuar andando em círculos. E, sim, já enfrentei a depressão, aquele buraco escuro que ninguém vê, mas que suga a energia, a vontade de viver e até o propósito. Mas escolhi vencer.

Escolhi levantar todos os dias e fazer minha parte. Escolhi continuar. E, se estou aqui, escrevendo este capítulo, é porque sei que você também pode. Mas é importante lembrar: não há vitória sem esforço. Sucesso passado não garante sucesso futuro. A luta é diária, a construção é contínua. Eu venci – e, acima de tudo, escolho vencer todos os dias.

Crescimento exige desconforto, e pode ser por isso que você esteja vivendo tudo o que descrevi até aqui. A maioria das pessoas não está onde gostaria por motivos que parecem simples, mas são poderosos. Muitas vezes, o problema está em não enxergar o óbvio, aquilo que está diante dos olhos, mas que a mente condicionada não permite ver. Outras vezes, o que causa isso tudo é a falta de coragem para assumir riscos, pois muitas pessoas querem os resultados, mas não estão dispostas a pagar o preço.

Em muitos casos, falta *visão*. Quando você não enxerga aonde pode chegar, qualquer esforço parece em vão. Além disso, temos o hábito de esperar o "momento certo" para agir. Isso é um erro, porque momentos perfeitos não existem. O que existe é coragem para decidir e dar o primeiro passo. E mais: você precisa confiar em si mesmo, assim como entender que não se cresce sozinho.

A chave está aqui: ninguém evolui sem mentores, sem acesso a quem já percorreu o caminho e sem se cercar de pessoas que sabem mais. Sem isso, o processo se torna lento, solitário e muito mais difícil do que precisa ser.

Então perceba que você não está sozinho, tampouco atrasado. O que faltou até aqui foi *visão, direcionamento* e *influência positiva*. A boa notícia é que tudo isso pode ser construído a partir de agora. Basta se aproximar de quem já fez, aprender com quem tem resultado, aplicar o que funciona e, acima de tudo, escolher vencer todos os dias.

Mudar sua realidade é simples: acesse o conhecimento certo, ande com as pessoas certas e frequente os ambientes certos. Ao expandir sua mentalidade e adotar comportamentos produtivos, a vida começará a responder com resultados mais altos do que jamais imaginou. Ninguém cresce de modo isolado. O salto que você tanto busca (na vida pessoal, profissional ou financeira) não virá de mais esforço cego, virá de mais clareza, direção e decisões conscientes. Ao se aproximar das pessoas certas, algo mudará dentro de você. Ao entrar em ambientes nos quais a régua é mais alta, a mente se expandirá e você passará a acessar o conhecimento certo.

Esse princípio é transformador. Viver isso de modo consistente é o que separa quem apenas sonha de quem realiza. O conhecimento certo é o que diferencia a estagnação do crescimento, porque ele não apenas informa, ele desperta e acende a chama da ação.

Em nossos treinamentos e imersões, apresento o método que utilizo com empresários, mentorados e equipes de alta performance: um passo a passo para tirar os freios da vida e começar a escalar com consistência. Então a transformação que quero provocar agora é que você deixe de ser refém da dúvida e da estagnação e passe a ser alguém intencional, produtivo e orientado a resultados, porque não se trata de fazer mais, trata-se de fazer o que realmente funciona.

Então vamos aos passos, que são simples de entender, mas profundos em aplicação.

1º Passo: expanda a mentalidade

Tudo começa dentro. Nenhuma mudança externa acontece antes de uma transformação interna. Expandir a mentalidade é sair do piloto automático, questionar crenças antigas, parar de aceitar uma vida limitada como se fosse o seu destino. É olhar para dentro e reforçar consigo mesmo: "Existe mais para mim. E eu vou buscar".

Para aplicar, sugiro que você:

- Abra-se ao conhecimento certo: pare de consumir conteúdo aleatório. Escolha conteúdos que expandem sua visão de mundo, negócios e propósito. Leia livros, assista a palestras, participe de treinamentos com quem oferece resultados concretos.
- Tenha mentores: sozinho você pode até ir mais rápido, mas com mentores certos você vai mais longe – e com menos dor. Mentores encurtam o caminho e evitam erros caros.

- Esteja em ambientes de crescimento: ambientes transformam. Participe de grupos, eventos, imersões e comunidades que tenham uma régua alta. Quando você se cerca de pessoas que estão crescendo, o seu padrão sobe naturalmente.
- Questione padrões antigos se perguntando: "essa ideia que tenho sobre dinheiro, sucesso ou merecimento é realmente minha ou foi herdada de alguém que nunca chegou aonde quero chegar?". Expandir a mentalidade é também romper com a herança mental da limitação.

2º Passo: assuma riscos para a mudança

Não existe crescimento sem risco. Se você quer resultados novos, precisa de ações novas. Assumir riscos conscientes é parte da jornada, é sair da zona de conforto para entrar na zona de crescimento. Sim, dá medo, mas a liberdade mora depois desse medo.

Para aplicar, sugiro que você:

- Arrisque coisas novas: dê um passo diferente. Mude sua rotina, encare aquele projeto, busque novas estratégias, desafie-se a fazer o que evitou por muito tempo.
- Pague o preço: sucesso tem preço. Tempo, energia, foco e investimento. Não dá para crescer sem sacrificar algo, mas é um sacrifício com retorno.
- Seja perseverante: vai doer. Vai dar vontade de parar. Mas não pare. A consistência é o segredo dos que vencem.
- Permita-se viver o sucesso: muita gente fracassa porque, no fundo, não se sente merecedora do sucesso. Quebre esse ciclo. Você merece prosperar, você pode inspirar outros com sua jornada. E tudo começa com uma escolha: continuar como está ou mudar, mesmo com medo.

Você pode transformar os obstáculos em oportunidades, mas isso exige *ação deliberada*. Mentalidade, ambiente e coragem andam juntos. Quando você escolhe expandir a visão e arriscar pela mudança, a vida começa a responder com novas portas, novas pessoas e novas possibilidades.

Esta é a essência do que ensino, vivo e compartilho com os empresários que acompanho: não se trata apenas de vencer, mas de se tornar alguém que vence com propósito.

A partir de agora, isso está a seu alcance, assim como esteve a meu alcance quando decidi realizar um de meus sonhos: criar o maior evento de negócios do Brasil. Na teoria, parecia impossível, porque não tinha todos os recursos, não tinha os apoios certos nem os patrocínios necessários. Tinha ideias grandes, mas pouca estrutura. Tudo dizia para ir pelo caminho mais seguro, simples e previsível; no entanto, alguma coisa dentro de mim gritava: "Vá pelo mais difícil, porque é lá que está sua transformação".

Foi exatamente ali que comecei a aplicar o que hoje ensino como método. Expandi minha mentalidade, saí do modo "como vou fazer isso?" e fui para o modo "quem pode me ajudar a fazer isso?". Passei a buscar ambientes nos quais minha visão era compreendida, e não diminuída. Me conectei com pessoas que pensavam grande, que estavam em outro nível de entrega e estratégia. E, sim, assumi riscos. Muitos. Investi tempo, energia, dinheiro, antes mesmo de ter qualquer garantia de retorno. Escolhi apostar onde ninguém apostava.

Lembro-me de passar noites sem dormir, de reuniões que terminavam sem resposta, de olhares de desconfiança, mas também lembro da primeira vez em que vi o auditório lotado, do impacto gerado, das conexões criadas, do reconhecimento que veio, não como um prêmio, mas como a consequência natural de quem decide fazer diferente.

Foi então que percebi o verdadeiro poder de aplicar o método que compartilho com meus mentorados. A chave de tudo é estar sempre pronto para dar o próximo passo, mesmo quando tudo parecer desfavorável.

Não espere ter todos os recursos. O que você realmente precisa é de uma visão clara, coragem para arriscar, acesso ao conhecimento certo, presença nos ambientes certos e resiliência para continuar, mesmo quando ninguém mais acreditar.

Se você chegou até aqui, leu cada linha, absorveu o conteúdo, refletiu sobre os obstáculos e entendeu o que precisa ser feito, chegou a parte mais importante: agir.

Como comentei anteriormente, a vida passa rápido. Se não se mover agora, você olhará para trás daqui a um ano, dois, cinco e perceberá que nada mudou. Continuará desejando, planejando e esperando, enquanto os que decidiram agir estarão colhendo frutos. Você não precisa mais de motivação, precisa de movimento, precisa decidir viver seu potencial enquanto ainda há tempo.

Quando pensar em desistir, e se acontecer, lembre-se de que o custo do arrependimento será sempre maior do que o esforço de continuar. Desistir pode parecer mais fácil, mas o preço da frustração futura, da vida não vivida e da história não escrita é alto demais. Você não merece carregar esse peso. Você merece vencer, viver com significado e inspirar. E mais ninguém vai fazer isso por você. Esse passo é seu.

Por fim, acredite que é possível. Por mais improvável que pareça, por mais distante que os sonhos estejam hoje, por mais que tenha vivido frustrações, dores, derrotas, ciclos que se repetem, é possível virar o jogo. Falo sobre isso também com propriedade porque já sofri muito tentando entender como pagar as contas no fim do mês, já bati em portas que não se abriram, já fiz pitch para investidores que me olharam com desconfiança e já duvidei de mim mesmo (mais de uma vez!). Mas segui. Sem ter tudo, mas com a certeza de que parar não era opção. Fiz isso com um passo de cada vez, um dia após o outro, sempre com fé no que ainda não existia, mas que eu via claramente em minha mente e em meu coração.

Quero, portanto, que você *continue*. Insista. Lute por essa vida significativa que merece viver. Pare, respire e termine esta leitura com dois conselhos finais:

1. Sirva-se da vitória com as próprias mãos.
   A vida não entrega troféus para quem espera, ela entrega para quem age. A taça de sua vitória já existe e só está esperando você se levantar, se mover, pagar o preço e buscá-la com coragem.

2. Faça de seu nome uma referência de superação.
   Transforme suas dores em força, suas quedas em impulso, seus obstáculos em degraus. Que sua jornada sirva de exemplo para outros que ainda estão no escuro. Que sua história diga em alto e bom som: "Se eu consegui, você também consegue".

Você não está mais sozinho. Agora tem um método, uma visão, uma chama acesa. Não deixe apagar. Vá lá e pegue a taça. Ela é sua.

11

Legado duradouro e propósito

É empreendedor, investidor e fundador do Grupo Rhiza, em que lidera as startups Rhiza Edutech e Rhiza Bank. Criador de um modelo inédito de investimento com vínculo vitalício entre investidor e empresa, atua há mais de uma década em projetos de expansão e inovação. Com experiência em diversos setores e formação multidisciplinar, tornou-se referência em soluções acessíveis que unem educação financeira, empreendedorismo e geração de renda. Tem como propósito transformar realidades por meio de um ecossistema inteligente e inclusivo de negócios.

@professorfelixoficial

©Felipe Santos

FÉLIX RAMOS

Somos surpreendidos diariamente por anúncios que prometem a tão sonhada *liberdade financeira* em propagandas que mexem com o mais íntimo dos nossos sonhos. Pessoas bem-vestidas, em carros caros, vivendo em belas casas para passar uma ideia simples: é possível conquistar tudo aquilo que eles conquistaram. Basta clicar em "saiba mais" e adquirir algum produto milagroso que vai fazer você sair do zero absoluto para o seu primeiro milhão.

É, eu sei, provavelmente você já perdeu muito tempo e dinheiro arriscando esses cliques milagrosos que nunca dão o resultado esperado. Eu também investi muito dinheiro e, principalmente, muito *tempo* da minha vida esperando os incríveis resultados vendidos na internet. Durante a minha jornada montando o que hoje é o Grupo Rhiza de startups, não só acreditei e paguei por muitas soluções fantasiosas como também me dediquei de corpo e alma, na esperança de fazer valer o investimento financeiro e o que tenho de mais valioso, que é o meu tempo.

Com isso, digo abertamente: você tomará boas decisões, decisões medianas e péssimas decisões ao longo da sua jornada empreendedora. Não importa o resultado financeiro que elas trouxerem, se lucro ou despesa, se investimento ou gasto, se bônus ou ônus, nada afetará mais a sua vida do que o tempo gasto para tomar e executar cada decisão.

O *tempo* é o bem mais precioso que você tem. Por isso, ajudar você a otimizar o seu tempo e maximizar os seus resultados é o meu propósito aqui. Até porque acredito que temos duas certezas na vida: a primeira é que um dia vamos deixar este plano – ou, para os que não temem a dureza das palavras, um dia vamos morrer. A segunda é que, independentemente das decisões que tomamos e das que tomaremos, o tempo vai passar. Cada segundo da nossa respiração, cada minuto planejado, cada hora dedicada, cada dia investido, cada semana cumprida, cada mês compartilhado, cada ano vivido... Não importa se acertarmos ou se errarmos, se dissermos o que pensamos ou se nos privarmos de dizer, o tempo vai passar.

Encontrei o sucesso no meu negócio quando aprendi a percorrer uma jornada empreendedora por meio de um propósito, que é o que nos liga ao sucesso. Então pergunto: qual é o seu propósito? O que faz você levantar todos os dias e lutar pelo seu negócio? Se o que move você é a *vontade de ganhar mais dinheiro* para ter uma vida melhor e ajudar outras pessoas, lamento informar: mesmo sendo um gesto nobre, isso pode *não* ser o seu propósito. Propósito vai *além* do que é material, do dinheiro ou do poder de compra e barganha. Propósito é aquilo que você sente estar destinado a cumprir, não obstante o retorno que isso trará.

Está preparado para se reconectar com o seu propósito?

Antes de falar como, vale comentar pontos iniciais que podem fazer parte da sua trajetória. Um deles é a sensação de vazio. Pode ser que você esteja lendo este capítulo com esse sentimento de vazio. Pode ser que já tenha conquistado tudo o que quis até aqui: um bom emprego, o curso universitário que sempre almejou, o casamento perfeito, filhos adoráveis e uma conta bancária recheada. Mesmo com tudo isso, é possível sentir esse vazio. Ou pode ser que você esteja lutando até hoje para conquistar o que julgou ser o básico para a sua vida e, mesmo assim, ainda não tenha conseguido alcançar o que queria, então sente que o seu vazio é a falta dessas conquistas.

Vou dizer algo com muita propriedade no assunto e espero que você preste atenção: esse vazio não deixará de existir a menos que você se reconecte com o seu propósito. Ele não está ligado às suas conquistas, às metas ou aos objetivos, embora quem viva com um propósito também tenha metas e objetivos. Nós somos construídos por propósitos. Não é algo que temos como escolher.

Na verdade, o nosso poder de escolha aqui é decidir viver ou não o nosso propósito. Ele foi "plantado" em nós antes mesmo do nosso nascimento, assim como em Jeremias 1:5: "Antes de formá-lo no ventre eu o escolhi; antes de você nascer, eu o separei e o designei profeta às nações".

Portanto, hoje você fará uma escolha importantíssima que transformará a sua vida e designará um novo destino. Vai escolher se reconectar ao seu propósito.

De fato, várias coisas nos impedem de olhar para dentro, para o nosso eu interior e entender o nosso propósito. Uma delas é a aceleração da vida. O mundo deixou de ser uma exclusividade tangível e se dividiu entre *físico* e *virtual*. Hoje, estamos divididos em dois mundos: no mundo físico, temos amigos, cônjuge, colegas de trabalho e parentes; no mundo virtual, temos um universo a ser explorado, que oferece sensações tão reais quanto as que encontramos no mundo físico. Aplicativos de relacionamento, redes sociais para interagir com os acontecimentos do dia a dia, jogos on-line para se divertir, aplicativos com inteligência artificial e muito mais.

Tudo isso libera dopamina e dá prazer e satisfação de maneira tão rápida, que, aos poucos, vamos perdendo a noção do valor do tempo, como falei no início do texto. Então, entender que não há corrida contra o tempo, e sim uma decisão de se reconectar com o seu propósito para acompanhar o tempo em plenitude, é o primeiro passo para a sua transformação pessoal e empresarial.

Com o que vou propor a seguir, espero que uma explosão de clareza invada a sua mente. Você vai entender o seu propósito e continuar a sua jornada com leveza, transformando a sua vida e construindo um legado duradouro sob o seu propósito. Isso foi o que aconteceu comigo. Cada decisão que tomei, mesmo as equivocadas, não me desvirtuou do meu alvo, e em cada situação fui me adaptando, me renovando e, muitas vezes, me reinventando para conseguir ultrapassar cada obstáculo da jornada.

Quando iniciei o projeto Rhiza, a ideia era montar uma plataforma para acompanhar os meus alunos de maneira remota e escalável naquilo que eu acreditava ser a solução para o melhor resultado deles no mercado financeiro. Hoje, o Grupo Rhiza está presente em mais de vinte estados, com uma *edutech* e uma fintech que entregam economia real no dia a dia de clientes, assinantes e correntistas, além de gerar renda real com investimentos e empreendedorismo acessíveis.

Para mim, foi uma jornada de criação muito leve, então vou guiar você a fim de que também seja assim com você, que a construção do seu legado se inicie em sinergia com o seu propósito. Vamos lá?

Sabe aquela frase que às vezes dizemos para nós mesmos: "Por onde eu devo começar?". Ela pode ser perturbadora, principalmente quando você entendeu todo o processo, mas não consegue passar para o papel, organizar as etapas ou comunicar a outras pessoas o conjunto de ações para chegar ao resultado.

Algo que funciona muito comigo é executar um *padrão* que já tenha sido validado e que, de preferência, tenha atravessado gerações. Tomo como padrão algo que aprendi há muitos anos, enquanto estudava Teologia. O conceito de tríade em geral fala sobre um grupo de *três elementos* que estão intimamente relacionados ou que compartilham uma característica em comum. Encontramos esse conceito em diversos contextos, como música, matemática, história, filosofia, religião e até mesmo no dia a dia.

Na teologia, há a trindade (do latim *trinitas*, tríade, de *trinus* ou "tripla"), em que Deus se apresenta como Pai, Filho e Espírito Santo. Também aprendemos que, por sermos a imagem d'Ele (Gênesis 1:26-27), somos também um ser tríade ou tricotômico, dividido em três partes (corpo, alma e espírito). Na verdade, somos espírito, temos uma alma e habitamos um corpo. Ainda sob esse princípio, há o tabernáculo de Moisés, que também era tricotômico, com o átrio, o lugar santo e o santíssimo ou santo dos santos.

Partindo desse princípio, entendo que as minhas ações precisam atingir as três partes que me compõem, a fim de que, assim, eu encontre a plenitude do meu propósito e continue a minha jornada transformado e sendo um construtor de legados.

Para isso, preciso dar um *refresh* no meu sistema de crenças, entender que as minhas ações precisam atingir os três níveis da minha plenitude e que cada nível tem um jeito particular de ser tratado. Trato o meu corpo quando as minhas ações resultam diretamente no meu físico. Então, cuidar do corpo é um princípio para se reconectar com o propósito. Fazer exercícios físicos, me alimentar melhor, evitar substâncias que agridem o corpo a curto, médio e longo prazos.

Depois, trato a minha alma, quando as minhas ações resultam diretamente na minha mente. Ler livros que direcionam o meu aprendizado naquilo que espero alcançar, conversar com pessoas mais graduadas e capacitadas do que eu e descobrir novas vertentes por meio do networking e do netweaving são ações que me trazem mais clareza e opções de escolha.

Por último, trato o meu espírito, quando as minhas ações resultam diretamente no invisível. Entender o mundo espiritual, praticar a gratidão, a empatia e o servir sem esperar absolutamente nada em troca ajuda a criar intimidade com o eu interior.

Nesse processo, há ainda algumas leituras estratégicas. Os livros *O segredo*, escrito por Rhonda Byrne; *Cadê a vaca gorda*, escrito por Arão Henrique Xavier; *Se parar o sangue esfria*, escrito por Caito Maia; *Acelere na adversidade*, escrito por Jean Valério; *O poder da família*, escrito por João Kepler e Kaká Diniz; e, por último, mas não menos importante, uma leitura constante da Bíblia. Não precisa encarar de maneira religiosa se não quiser, mas entenda que se trata de uma coleção de livros que subsiste à humanidade há milênios e superou todas as mudanças culturais, políticas, filosóficas e ideológicas sem perder a essência.

Quando comecei a colocar em prática essas ações, percebi que havia um propósito em mim. Entendi que não tinha relação com dinheiro, lucros ou acumular riquezas. Quando soube o meu propósito, cada ação na minha vida e nas minhas empresas parecia já estar lá apenas esperando para ser executada.

Em 2020, estava divorciado da minha esposa, longe dos meus dois filhos, morando em um "apertamento" com apenas dois cômodos. Usava a sala como cozinha e sala de aula on-line, não tinha nenhum meio de transporte, o dinheiro que buscava no mercado por meio das minhas negociações e aulas de análises gráficas serviam apenas para a minha sobrevivência. Não havia objetivo ou sentido em nada. Desconectei-me do meu propósito sem nem perceber.

Um ano depois, resolvi colocar em prática todo o meu conhecimento sobre o conceito de tríade e comecei a criar hábitos, executar ações e praticar princípios que atingiam a plenitude do meu eu interior em corpo, alma e espírito. O meu casamento foi restaurado, a minha família foi unida novamente e bens me foram acrescentados. Em 9 de maio de 2022, nasceu a Rhiza Edutech, a primeira startup do que hoje é o Grupo Rhiza. Criei um modelo de negócio diferente de tudo o que havia baseado em economia compartilhada.

Por meio da Rhiza, centenas de pessoas espalhadas por todo o Brasil e até mesmo brasileiros que moram em outros países, como Portugal, Itália e Estados Unidos, compõem o clube dos fundadores de uma startup com projeção de empresa unicórnio. Hoje, com sede própria, marcas registradas, plataformas, sites, tecnologia própria, sistema integrado, parceiros, criadores de conteúdo, equipe de marketing, publicidade, gestão de tráfego e o próprio banco digital, seguimos a jornada unidos no propósito de construir o nosso legado transformando vidas.

Assim, com tudo o que conversamos até aqui, espero que reflita um pouco sobre a sua vida. Desde o dia em que decidiu empreender até hoje, analise as suas decisões, as suas atitudes e faça também uma autoanálise: "Eu vivi até aqui sob um propósito ou simplesmente fui seguindo o fluxo em busca de uma vida financeiramente melhor?".

Quando tiver a resposta para esse questionamento, pegue um papel, divida-o em três colunas: *corpo*, *alma* e *espírito*. Escreva em cada coluna palavras, frases, ações, hábitos ou práticas que atinjam diretamente cada parte do seu eu. Comece a praticar o que escreveu em cada coluna.

Não tenha pressa, crie uma rotina, divida as ações em etapas. Defina horários e dias para praticar exercícios, ler livros relacionados aos seus objetivos pessoais ou de empreendedorismo, participar de grupos empresariais que comungam do mesmo pensamento que você.

Um grupo empresarial chamado Lide RN, liderado pelo empresário Jean Valério, foi de extrema importância no meu processo evolutivo, principalmente no meu desenvolvimento pessoal e empresarial, trabalhando a minha mente (alma). Além disso, procure participar de momentos espirituais, como cultos e reuniões que induzem a refletir no amor incondicional de Deus. Desprender-se por um instante da busca por satisfação própria é importante durante o processo de reconexão com o seu propósito.

Espero que a maneira como eu conduzo a minha organização sirva de exemplo para a sua jornada e que o poder do propósito universal que se manifesta em Cristo Jesus através do amor transforme a sua vida em toda plenitude, dando a você *graça, paz* e *fortaleza* no cumprimento e na prosperidade do seu legado debaixo do seu propósito.

QUANDO NÃO SABEMOS
POR QUAL MOTIVO ESTAMOS
FAZENDO O QUE FAZEMOS,
QUALQUER DIFICULDADE
PARECE INSUPORTÁVEL. PORÉM,
QUANDO O PROPÓSITO É
CLARO, ATÉ A DOR GANHA
DIREÇÃO. E ATÉ O CAOS
PODE VIRAR CAMINHO.

KAKÁ DINIZ
PROPÓSITO EM CADA PASSO

12

Depois do sonho, só a missão permanece

É palestrante, autor e treinador com experiência em vendas e motivação de equipes. Foi empresário em publicidade por doze anos, consultor comercial, treinador de equipes de vendas e professor de MBA em gestão de vendas. Atendeu mais de mil empresas em 25 estados do Brasil e realizou uma turnê de palestras no Japão. É mestre em Administração e Negócios, especialista em Administração de Marketing, Inovação e Neuromarketing e tem formação complementar em self coaching e Neurolinguística. Entusiasta da vida plena, tem como foco ajudar as pessoas com respeito, alta performance, energia, humildade, gentileza, motivação e honestidade. O diferencial dele está no carisma, na simplicidade e na abordagem objetiva.

@palestrantericardolemos

©Acervo pessoal

RICARDO LEMOS

Alguém estar desmotivado pode ser um sinal de que está vivendo no piloto automático sem perceber. Explico: hoje, mais de 80% das empresas que me contratam para palestrar pedem que eu motive as suas equipes. São pessoas desmotivadas, apáticas, insatisfeitas e, em muitos casos, frustradas com as próprias posições e resultados. Infelizmente, a desmotivação pode acontecer com todos, mas não é normal. "Do que você está falando, Ricardo?", você pode estar se perguntando. Estou falando de pessoas que vivem um dia após o outro sem um verdadeiro sentido real.

Quantas pessoas você conhece que reclamam do trabalho, da rotina, da vida, do clima, do trânsito etc.? Muitas vezes, elas não têm uma razão clara, não têm direção e não conseguem enxergar – ou não atribuem – um significado forte àquilo que fazem e ao que já conquistaram. Além de gerar um sentimento de vazio, isso impacta diretamente a produtividade, os relacionamentos e, principalmente, a saúde física e mental. Na verdade, nós reclamamos muito mais do que elogiamos. Entre em uma fila de banco, em um táxi ou Uber, e a conversa normalmente terá um tom de reclamação do trânsito, dos governos, da prefeitura, do calor ou do frio.

Muitos anos atrás, tive um aluno que foi praticamente um anjo na minha vida. A história dele mudou completamente minha visão sobre aposentadoria. Ele tinha se aposentado pelo Banco do Brasil e me contou que o grande sonho da vida dele sempre foi se aposentar. Disse que, no primeiro mês de aposentadoria, sentiu tudo aquilo que sempre imaginou. Nos dois meses seguintes, achou ótimo. O quarto mês ainda foi bom. Mas o quinto mês já parecia monótono. No sexto, entrou em uma depressão profunda. Afinal, durante trinta anos tinha sido muito ativo. Aquela história me impactou demais.

No meu caso, eu tinha o sonho de ter o meu próprio negócio. Entrei como sócio em uma agência de publicidade e, no primeiro ano, só não trabalhava nos domingos de manhã. Isso, além de não resolver as minhas contas atrasadas, causou uma esofagite e uma pangastrite. Muito tempo depois, durante o mestrado, passei dois anos trabalhando e estudando até a exaustão. Resultado: estresse agudo e taquicardia.

Foi doloroso e difícil, mas aprendi na prática que o corpo manda a conta. Mais cedo ou mais tarde, ele manda.

Agora percebo que muitas pessoas, me incluindo nessa conta, gastam o próprio tempo como se ele nunca fosse acabar. Esquecem-se de que, um dia, o cronômetro regressivo que foi acionado por Deus – ou, se preferir, pelo universo – vai simplesmente parar. A grande incógnita da vida é: quando ele vai parar?

Tive um grande amigo, o Rodrigo, que fumava dois maços de um cigarro muito forte por dia. Eu sempre dizia: "Pelo menos fume um cigarro mais fraco", e ele respondia: "Vou morrer mesmo, então tanto faz". Um dia, aos 26 anos, ele saiu para pedalar com os amigos, não venceu uma curva em uma descida. E foi naquela curva que o Rodrigo se despediu da vida. Foi muito duro. Também me lembro de um cliente que não bebia, não fumava e malhava todos os dias, cheio de planos de morar na fazenda e pescar sempre que quisesse. Lamentavelmente, pegou covid-19 aos 62 anos e não resistiu.

Assim, se você tem filhos ou crianças próximas na família, vai concordar comigo: o tempo passa muito mais rápido do que parece. Quando éramos adolescentes, o tempo demorava demais a passar. Na vida adulta, o tempo voa, não é mesmo? Por isso, quero dizer que acordar todos os dias sem ter uma direção, um motivo forte e real, e seguir deixando as coisas importantes para depois definitivamente não é uma boa ideia. Então será que está faltando algo mais forte na sua vida? Algo que faça você pular da cama antes mesmo de o despertador tocar?

A desmotivação pode gerar frustração, e faz isso nas mais variadas situações, bem como na vida pessoal e profissional, paralisando pessoas fantásticas que teriam tudo para brilhar e prosperar. Tive um colega, o Pablo, que repetia a mesma frase a cada nova segunda-feira: "Chega logo, sexta-feira". Na sexta, falava: "Chega logo, fim do mês". Triste, não? E, no final do mês, sabe o que ele dizia? "Não vejo a hora de tirar férias". No fundo, ele estava torcendo para que a vida passasse mais rápido. Talvez você se lembre de alguém semelhante ao Pablo.

Faço o seguinte questionamento para as minhas plateias: "Levante a mão quem comemorou o novo emprego nessa empresa". A maioria levanta. Porém, anos depois, no domingo à noite, muitos reclamam de precisar voltar ao trabalho na segunda-feira. São aqueles que olham mais coisas difíceis do que fáceis e boas na própria vida. Reclamam mais do que elogiam. Você está se lembrando de alguém? Será que esse é o seu caso? Já parou para pensar que, talvez, você não faça aquilo que já sabe que deveria fazer? Talvez queira ter mais atitude, mas parece que existe uma força puxando você para a mesma rotina de sempre. Essa força, muitas vezes, é a procrastinação.

Muitas pessoas querem continuar crescendo e evoluindo, mas, por algum motivo, muitas coisas parecem difíceis e distantes. Além disso, quem não gostaria de viver melhor, de ser mais feliz, de aproveitar mais a vida? Então por que, às vezes, tudo isso parece muito mais fácil para os outros? Na verdade, isso tudo acontece com quase todo mundo. E a culpa não é sua. Talvez você já saiba que o nosso cérebro está programado para duas coisas: sobreviver e procriar. Para cumprir essa missão, ele tenta economizar energia sempre que possível, afinal, sozinho, consome cerca de 20% da energia do nosso corpo. Então ficar parado é uma excelente ideia para ele. Ele faz você ver muito mais o perigo do que as oportunidades, pois o perigo oferece *ameaça*, e isso vai contra o objetivo dele que é manter você vivo, sobreviver.

Outro grande motivo da desmotivação e da falta de atitude são as influências externas. Normalmente, estamos rodeados de pessoas insatisfeitas, desanimadas e desmotivadas, pois muitos ao nosso redor seguem a chamada "lei do menor esforço". O ambiente em que fomos criados (e, depois, os locais em que trabalhamos e os quais frequentamos) ajudaram a moldar a nossa mentalidade atual e as crenças limitantes que carregamos. Isso sem contar as justificativas que contamos para nós mesmos. Justificar é mais fácil do que agir. E o mais impressionante é que muitas dessas justificativas são verdadeiras, o que torna o argumento ainda mais forte. Mas há um problema aqui: as justificativas verdadeiras *paralisam*.

Por isso é tão importante encontrar a sua missão de vida – pessoal e profissional, pois assim o propósito se torna infinitamente mais forte do que desejos, sonhos ou motivação. Para entender como, basta pensar em um pai ou uma mãe: será que sentem preguiça de passar a noite em claro ao lado de um filho doente? Obviamente, não. Porque ali existe um propósito maior.

É importante reforçar, contudo, que desejos e sonhos nem sempre representam o seu verdadeiro propósito. Sabe por quê? Porque o desejo passa. Se você tinha o desejo de ter uma bicicleta amarela e, um dia, comprou essa bicicleta, o desejo simplesmente foi embora. O sonho também pode não ter força suficiente. Eu tinha o sonho de conhecer o Havaí, por exemplo, e realizei em 2007. Conclusão? Sonhos se realizam, mas depois acabam. Por isso, é preciso algo maior.

Então chegou a hora de escalar a Pirâmide da Atitude, com uma motivação verdadeira. Mas lembre-se de que a motivação muda: pode aumentar e diminuir, e precisa ser constantemente renovada por algo maior e mais profundo. Assim, mesmo que você já tenha motivos fortes para fazer o que faz, vale a pena seguir estes passos:

1. **Conscientização**
   Tenha sempre em mente que continuar com os mesmos pensamentos e comportamentos trará os mesmos resultados – ou até piores, talvez até mais insatisfação.
2. **Talentos, valores e paixões**
   Relacione os seus talentos, os seus valores e as suas paixões: o que move você de verdade?
3. **Futuro**
   Como você gostaria de ser lembrado daqui a 80 anos?
4. **Transformação**
   Qual é a diferença que você gostaria de fazer na vida das pessoas?

Depois dessa reflexão, você já pode estruturar a sua declaração de missão de vida, pessoal ou profissional. Para isso, pense nos seguintes pontos:

- Quem você é (os seus valores e as suas qualidades essenciais)?
- O que você faz (as suas ações e contribuições)?

- Para quem você faz (quem se beneficia com isso)?
- Qual é o impacto desejado (a mudança que você busca criar)?

Veja o meu exemplo:

"Eu sou incansável, humilde e motivado a ajudar pessoas a melhorar os resultados profissionais delas, principalmente na área de vendas e motivação, para que possam seguir crescendo mais felizes e gerando prosperidade."

É a sua vez! Que tal tentar fazer o rascunho da sua missão? Seja ela profissional ou pessoal, simplesmente, apenas comece. Vou contar a minha história porque acredito que pode inspirar você.

Após concluir o mestrado, desenvolvi um quadro de taquicardia. Precisei tomar medicamentos fortes para desacelerar a mente e o corpo. Em uma aula de ioga, o instrutor propôs um exercício: "Pense em um sonho". Naquele momento, percebi algo curioso: eu havia acabado de realizar dois grandes sonhos (concluir o mestrado e visitar o Havaí), mas, mesmo assim, nada me veio à cabeça. Foi então que me dei conta: sonho se realiza e, depois de realizado, perde a força. Portanto, se eu quisesse seguir motivado, crescendo e evoluindo, precisaria de algo maior. Foi assim que iniciei uma busca.

Em um domingo, às 10 e 14 da manhã, o porteiro eletrônico tocou. Do outro lado, uma senhora pediu: "Posso tomar dez minutos do seu tempo para divulgar a palavra de Deus?". Recordo que ouvi isso e pensei: *Essa pessoa saiu da casa dela, em um domingo de manhã, só para bater à minha porta? Ela merece a minha atenção.* Então ela disse: "Eu sou uma Missionária de Jesus", e aquilo me marcou profundamente. Naquele minuto, algo começou a mudar dentro de mim. Comecei a refletir: um propósito maior é uma missão de vida, é aquilo que dá sentido ao que faço. É no que devo pensar quando desanimar, quando cogitar desistir, é o que me faz levantar mais cedo e com vontade.

Hoje, sempre que começo a banalizar algum trabalho, sentir preguiça ou desânimo, imediatamente me lembro da minha missão de vida profissional: "Eu ajudo pessoas a melhorar os resultados delas no trabalho e a encontrar os verdadeiros motivos para seguir fazendo o que fazem – e a evoluir na carreira de forma mais tranquila, leve e feliz". E isso me move.

Quando a pressão aumentar e as dificuldades aparecerem, você vai precisar de algo mais forte para se manter de cabeça erguida, olhando lá para frente, para a sua missão. Ao alcançar o topo da Pirâmide de Maslow (que começa nas necessidades fisiológicas e termina na autorrealização), há um risco silencioso: o de a vida começar a perder o sentido. Tudo pode parecer monótono, pouco desafiador. Mesmo com estabilidade e tranquilidade financeira, uma missão de vida sólida continua sendo fundamental para seguir em frente. Ela será o combustível para você continuar fazendo algo por você, pela sua família, pelas empresas e pelas pessoas.

Por isso, eu sempre digo: ajude, não julgue. Sempre pratiquei a caridade em pequenas ações, mas frequentes. Sempre fiz questão. Mas foi com a enchente no Rio Grande do Sul, em 2024, que compreendi o verdadeiro significado de fazer a diferença na vida de alguém. Ali, onde não existiam transações, interesses ou negociações, apenas a intenção genuína de ajudar, senti algo quase indescritível. É um sentimento extraordinário que talvez você já tenha experimentado ou que, em algum momento, vai sentir: o de ajudar alguém de maneira verdadeiramente altruísta.

Hoje, a minha missão de vida não me deixa dormir até tarde. Quando um completo desconhecido me manda um e-mail ou me chama em alguma rede social perguntando o que fazer para vender melhor ou se motivar, me lembro da minha missão. Respondo como se aquele fosse um cliente, que está me pagando muito bem por aquela resposta.

Em suma, posso dizer que já sabemos que o mundo é impermanente, certo?! Da mesma forma, uma missão de vida não é algo estático, ela evolui conforme crescemos e mudamos. O mais importante é o processo de autodescoberta e o compromisso contínuo de viver com propósito e intencionalidade.

Assim, querido leitor, escrever a sua missão de vida não é como escrever o slogan de uma empresa. Pode demorar. Está tudo certo. Não serão apenas palavras em um papel, mas uma declaração profunda sobre quem você é e o que veio fazer aqui. E, vamos combinar, isso não nasce do dia para a noite. Se ainda não encontrou a sua missão, tudo bem, continue a reflexão.

Eu mesmo demorei muitos anos até entender que o verbo "servir" fazia parte dos meus princípios. Mas, quando entendi isso, foi como encaixar a última peça de um quebra-cabeça. Por isso reforço que a sua missão precisa ter muito significado para você. Ela vai fazer sentido quando tocar a sua essência. E acredite: você vai chegar lá. Mais cedo ou mais tarde, você vai encontrar a sua maravilhosa missão de vida. E desejo realmente que você a encontre.

Nós nos encontramos por aí, nesta jornada incrível chamada vida.

A TAÇA DE SUA VITÓRIA JÁ EXISTE E SÓ ESTÁ ESPERANDO VOCÊ SE LEVANTAR, SE MOVER, PAGAR O PREÇO E BUSCÁ-LA COM CORAGEM.

JEAN VALÉRIO
PROPÓSITO EM CADA PASSO

13

Propósito em cada passo

Nascido no Ceará, é empresário, cristão, investidor de startups, criador de cavalos quarto de milha, piloto de avião, palestrante e especialista em desenvolvimento pessoal. Sócio-diretor da Non Stop, a maior agência de influenciadores da América Latina, faz a gestão de carreira de grandes artistas nacionais. Casado com Simone Mendes, tem dois filhos, Henry e Zaya.

@kakadiniz

KAKÁ DINIZ

A vida é cheia de caminhos tortuosos, e nem sempre conseguimos enxergar sentido nas curvas inesperadas que ela nos impõe. É justamente nesses momentos de dor, dúvida ou fracasso que nasce a possibilidade de uma virada, de uma nova jornada, de um caminho para uma vida plena e significativa. Isso acontece porque os obstáculos, quando acolhidos com consciência, podem se transformar em degraus para o progresso. E mesmo o vazio, quando escutado com coragem, pode apontar para o que realmente importa ser feito ou superado.

Encontrar o seu propósito não é ter todas as respostas, é caminhar com presença e intenção, mesmo nos dias escuros. Cada passo, por menor que pareça ser, pode representar uma escolha consciente e alinhada com quem você é de verdade. Em compensação, viver sem propósito claro é como andar em círculos, sem direção, então qualquer caminho vira distração.

Sabe qual é a maior dor que percebo nas pessoas hoje? Elas se queixam de falta de oportunidades, mas sofrem muito mais quando há ausência de sentido naquilo que estão fazendo. Vivem no piloto automático, cumprindo rotinas sem reflexão, acumulando tarefas, metas e conquistas que, no fundo, não tocam a alma deles. É uma existência anestesiada, uma espécie de cansaço silencioso, tanto físico quanto emocional e existencial. É uma exaustão que vem da mentalidade estática.

As pessoas até parecem estar bem. Postam sorrisos, mostram conquistas e falam de metas. Mas, por dentro, estão sufocadas. Têm sucesso financeiro, mas falência emocional e espiritual. Têm milhares de contatos, mas sentem um tipo de solidão que nenhuma notificação resolve. Conquistam cargos, diplomas e viagens, mas não encontram paz e afeto dentro de casa, tampouco dentro de si mesmas.

Essa falta de direção corrói as estruturas mais importantes da vida. O trabalho vira uma obrigação sem propósito. Os relacionamentos perdem profundidade (principalmente porque se fala muito e se escuta pouco). Até a fé, para muitos, vira um conjunto de rituais mecânicos sem conexão com o sagrado. E é justamente por isso que me sinto frustrado com as consequências disso tudo.

Em primeiro lugar, por ver pessoas com imenso potencial e talentos incríveis desistindo de si mesmas. Gente que poderia inspirar, transformar e liderar, mas que foi convencida, desde cedo, de que não era suficiente. Muitas delas carregam no peito frases e feridas abertas, como "você não é capaz" e "isso não é pra você". Por isso, vivem como se tivessem que pedir desculpas por existir.

A frustração também afeta as famílias, que deveriam transbordar amor e cumplicidade, mas estão se desintegrando. Por quê? Muitas vezes, ninguém que está ali aprendeu a lidar com os conflitos do dia a dia. Ninguém ensinou que é possível discordar com respeito, enfrentar os problemas com maturidade e fé, sem precisar fugir ou ferir o outro. Troca-se o diálogo por silêncio; a escuta, por gritos; o afeto, por distanciamento. Então, com isso, pouco a pouco, o vínculo se desfaz.

Já acompanhei de perto empresários bem-sucedidos que, por trás das cifras de dinheiro e dos palcos, estavam à beira do abismo. Isso não acontecia por falta de recursos financeiros, e sim por falta de sentido, de um propósito para aquilo que fazem. A falta de saúde mental, de fé viva e de uma rede de apoio verdadeira é como uma bomba silenciosa que estoura todos os dias na rotina daqueles que demonstram uma vida perfeita por fora, mas estão desmontados por dentro.

As perguntas que ecoam cada vez mais são: "É só isso? Vale a pena continuar assim?". A realidade é que viver sem propósito esgota. Quando não sabemos por qual motivo estamos fazendo o que fazemos, qualquer dificuldade parece insuportável. Porém, quando o propósito é claro, até a dor ganha direção. E até o caos pode virar caminho.

Isso só acontece, no entanto, quando existe uma mudança real de rota. Enquanto o caminho permanecer o mesmo, as pessoas continuarão tentando prosperar por fora e se destruindo por dentro. Continuarão vivendo uma vida que parece certa aos olhos dos outros, mas que dói no silêncio da solidão. Seguirão se perdendo, cada vez mais, de si mesmas. Essa é, aliás, uma urgência não só profissional, financeira ou relacional; é espiritual, emocional e existencial.

A alma vai perdendo o brilho... só que a vida não espera. Não existe um botão de pausa para a alma. Cada dia encarado sem propósito é um passo para longe do que Deus desenhou para você. Olhar para isso é urgente, porque viver sem propósito é morrer um pouco a cada dia, mesmo sorrindo em fotos, batendo metas, rodeado de gente. É viver uma morte disfarçada de rotina.

Entendo perfeitamente a falta de resolução, por dois motivos: à primeira vista, acredito que existe uma frustração silenciosa, um vazio que ninguém enxerga e é carregado diariamente. É a sensação de que se tem tudo, mas não se sente nada. Cumpre as tarefas, entrega resultados, participa de reuniões, mas a vida por dentro está cinza, perdeu a cor. Superficialmente, não há nada de errado, mas também não há nada de certo. É como viver com o volume do coração apontado para o mínimo, já que tudo parece silencioso e desconectado.

Depois, há a culpa constante: por não ser suficiente, por não dar conta e por falhar com quem mais ama. Culpa por não estar presente e por se esforçar tanto. O que acontece, nesse caso, é que há também a culpa por achar que "tem tudo para ser feliz", mas nada parece gerar o propósito do sentir verdadeiro.

Como você pode imaginar, o custo emocional disso é devastador. Você acorda sem vontade, se compara o tempo todo e acha que está ficando para trás, mesmo estando no meio da multidão. Começa a duvidar de si, da sua história, da sua capacidade. A sua mente se transforma em uma inimiga: crítica, dura e impiedosa. A alma, por sua vez, se esconde atrás da performance, tentando parecer bem, manter a imagem, sem decepcionar ninguém.

Não há nada mais angustiante do que viver uma vida que não representa quem você é. A alma sente quando está fora do lugar. Ela grita, mesmo quando você tenta silenciar. Mas há saída, há caminho. E tudo começa no momento em que você decide parar de fugir e escolhe, com coragem, olhar para dentro.

Nesse sentido, a falta de preparo e as crenças limitantes que foram herdadas são os principais motivos para que essas situações permaneçam sem resolução. A falta de preparo acontece porque ninguém nos ensinou a lidar com a frustração, com a dor ou com a perda. A gente aprendeu a se esconder ou fingir. Crescemos ouvindo frases como "não reclame", "isso é besteira", "engula o choro". Assim, aos poucos, fomos nos desconectando das nossas emoções mais profundas.

Já nas crenças limitantes herdadas, ouvimos frases como "você tem que aguentar calado", "homem não chora" e "fracasso é sinal de fraqueza". São vozes que ecoam dentro de nós, mesmo sem percebermos. São ideias passadas de geração em geração, que aprisionam o nosso ser e moldam a maneira como nos comportamos.

A cultura do imediatismo piora, e muito, essa situação. Ela nos ensina que tudo tem que dar certo rápido. Mas Deus trabalha no processo. Como muitos não entendem o tempo de Deus, desistem no tempo da dor. Mas saiba que nada está perdido. Quando você entende que os seus maiores obstáculos carregam os códigos do seu propósito, você para de reclamar do processo e começa a crescer com ele.

Transformar um obstáculo em oportunidade é um processo, e por isso exige intenção, paciência e direção. Sem mágica ou fórmula, os passos que apresento a seguir, quando colocados em prática, podem mudar a sua rota por completo.

1. Recalcule a sua rota

Pare tudo. Reflita. O que trouxe você até aqui não levará para o próximo nível. Não dá mais para continuar correndo. É preciso parar e pensar: aonde o caminho que você está trilhando o levará? Talvez você esteja insistindo em algo que já expirou, preso à rotina que alimenta a sobrevivência, mas não sustenta a alma. Por isso é importante recalcular a rota. Não significa desistir, e sim ter coragem de reconhecer que existe um caminho melhor – e escolher buscá-lo.

2. Restaure a sua fé

Sem conexão com Deus, você vai se perder de si mesmo. Vai se sentir vazio, mesmo estando rodeado de pessoas. A fé não pode ser um detalhe, precisa ser o centro, pois vai ancorar você nos dias difíceis e dar força para seguir. É restaurando a fé que se faz possível deixar de carregar o mundo nas costas e aprender a caminhar com direção e confiança. Fé restaurada é visão restaurada.

3. Reorganize as suas prioridades

O sucesso de verdade começa dentro de casa e dentro de você. Reflita: você está colocando a sua energia no que realmente importa? Ou está perdendo tempo com distrações que só afastam você de si mesmo? O verdadeiro sucesso começa dentro de você e da sua casa. Não adianta impressionar o mundo e negligenciar a sua alma. Assim, reorganizar as prioridades é escolher, diariamente, investir no que tem valor eterno, ou seja, os seus relacionamentos, a sua saúde, a sua paz e a sua essência.

4. Reforce a sua mente

Fortaleça a sua saúde mental como você fortalece um músculo: com disciplina, descanso e autoconhecimento. Isso é o que vai tirar você do piloto automático. Nesse processo, lembre-se de buscar ajuda se for preciso. Crie espaços de silêncio e alimente a sua mente com o que você constrói de bom para si e para os outros.

5. Responda com ação

Não adianta entender se não agir. Decida. Comece pequeno, mas comece com intenção. A transformação só começa com a ação, e não precisa ser grandiosa. Tenha intenção. Sem esperar o momento ideal, apenas faça. Coragem é movimento.

Tudo o que expliquei foi utilizado na minha jornada. O meu grande desafio morou no momento que enfrentei uma pressão imensa como empresário, pai e marido, tudo ao mesmo tempo. Senti como se estivesse no limite. Foi ali, no vale, que Deus falou comigo. Larguei o orgulho, pedi ajuda, alinhei o meu emocional, orei como nunca e recalculei a minha rota. Assim nasceu a força que hoje me move. Transformei aquele obstáculo em um novo propósito, que é ajudar as pessoas a fazerem o mesmo.

Portanto, preste atenção nesta certeza universal: a vida é muito curta para que você viva fora do seu propósito. A dor que você sente hoje pode ser o que transformará você amanhã. Mas, é claro, isso só acontecerá se você decidir enfrentar, em vez de fugir.

O meu conselho final? É simples: não espere o caos chegar para mudar. Não espere que tudo pareça ser insuportável para agir. Antecipe-se. Busque ajuda. Volte ao seu centro. Deus ainda tem muito para fazer por meio da sua história. Isso é um fato. Desistir, aqui, jamais foi uma opção, mesmo porque a vida que espera você do outro lado, depois da dor, é extraordinária. Poucos entendem que o propósito está do outro lado da resistência.

Por fim, saiba que você não precisa ser perfeito para ser usado por Deus, só precisa estar disposto. A sua história pode ser o testemunho que vai libertar outras pessoas, assim como a minha tem sido em muitos momentos. E espero que tenha sido aqui também, para você.

Então, continue; um passo de cada vez. Com fé, propósito e coragem.

CONCLUSÃO

DE JEAN VALÉRIO

Pare, respire e reflita: "O que disso tudo se conecta com minha vida?". Chegando às páginas finais, peço que você separe um tempo para refletir profundamente, revisitando os trechos mais marcantes a fim de começar a fazer conexões práticas com a própria realidade. Espero que, assim, você possa terminar a leitura com a certeza de que agora tem as reflexões e as ferramentas para reescrever sua história.

No fundo, mesmo que você não decida dar um grande passo, eu desejo que você se movimente, mesmo que com passos pequenos. Comece hoje. Comece pequeno, mas comece. Comece com o que tem, do jeito possível, mas dê o primeiro passo. Ninguém começa grande. Todo grande empreendedor começou pequeno um dia. O erro é esperar estar pronto, e você nunca vai estar 100% pronto, mas pode estar 100% decidido. Decidido na mudança, com o que vai aplicar a partir de agora, com o que pode mudar.

Agora mesmo, enquanto escrevo isso, estou em Nova York (EUA), em uma madrugada fria de maio de 2025. É a quarta vez que venho aqui, e cada visita me reconecta com tudo o que vivi nesta cidade. Hoje, estou participando da Brazilian Week (um evento sobre inovação, cultura e negócios para colocar o Brasil no centro das discussões globais sobre um futuro mais sustentável), perto das maiores instituições financeiras do Brasil e do mundo. Não posso falar que estar aqui significa ser melhor do que alguém, mas posso afirmar, com muita certeza e clareza, que significa que, um dia, decidi começar, mesmo que com pequenos passos, e rompi minhas barreiras mentais para me permitir ir além do que imaginava.

Expandir a mente muda tudo. O ambiente muda tudo. As pessoas a seu redor mudam tudo. Quando entendi isso, minha vida também mudou. Sou filho de funcionários públicos, cresci em uma família de classe média baixa e, durante muito tempo, nem cogitava viver experiências como essa. Não imaginava que era possível, por causa dos ambientes que frequentava e das crenças limitantes que carregava. Mas também porque estava ao lado de quem não agregava para meu crescimento, pelas companhias erradas que eu tinha. Então, decidi mudar. Um pouco por vez. Decidi pagar o preço e tomar decisões difíceis, assumir riscos e estar disposto a dizer "não" para muita coisa, bem como dizer "sim" para meu futuro. É o que eu espero que você faça.

Quero deixar, portanto, três conselhos finais. Leia com atenção. Faça pausas e internalize essas mensagens em sua vida.

1. Você pode ser o que quiser, desde que esteja disposto a pagar o preço.
2. Não existe ninguém melhor do que você, apenas pessoas que começaram antes.
3. O sucesso começa quando sua mente se expande e você decide viver com intenção.

Assim, seja qual for sua história até aqui, saiba que ela não define seu destino. O que define são as *decisões* que você toma a partir de agora. Decida crescer. Decida se afastar do que limita você. Decida se aproximar de quem impulsiona você. Decida expandir sua mente. Decida fazer o difícil.

Porque só quem enfrenta o difícil vive o extraordinário.

CONCLUSÃO

DE KAKÁ DINIZ

Infelizmente, existe algo que o mundo não consegue oferecer a ninguém: esperança real. Espero que, ao chegar até aqui, esse seja o seu sentimento. Que você o sinta verdadeiramente no seu peito e na sua jornada.

A esperança real é aquela que abraça o nosso coração, que nos dá motivação para continuar e mudar o que é preciso.

Então, resta apenas tomar a decisão, que precisará acontecer a partir de hoje. Saia definitivamente do modo "piloto automático", aja sendo proativo e intencional. É preciso reagir, buscar a mudança, voltar a sonhar, construir tudo o que você merece.

Quero, portanto, deixar três conselhos finais para você. São eles:

1. Não fuja do processo. Abrace-o.
2. Alimente a sua fé todos os dias, pois é ela que vai sustentar você.
3. Cuide da sua mente. A sua saúde emocional é a base de tudo.

Esses pontos foram os que me auxiliaram em uma fase bem difícil. Foi um momento em que pensei em parar tudo, mas olhei para os meus filhos, para a minha esposa, para o que tínhamos juntos, e me lembrei do motivo pelo qual eu não poderia parar. Não poderia desistir e me deixar levar. Foi o amor que me sustentou. Foi a fé que me reergueu. E foi o propósito que me empurrou.

Espero que esses fundamentos também o ajudem, assim como me ajudaram. Descobri que eu era capaz e necessário. E adivinhe? Você é capaz. Você é necessário. E ainda vai impactar o mundo com a sua história.

Saiba disso.

N
NE
E
SE
S
SW
W
NW
0
20
40
60
80
100
120
140
160
180
200
220
240
260
280
300
320
340

Este livro foi impresso pela gráfica Bartira em
papel pólen bold 70 g/m² em setembro de 2025.